世界金奖级插画艺术家系列

# 波西·西芒德斯

LiteraryLife

世界金奖级插画艺术家系列

# 波西·西芒德斯

[英] 保罗·格拉维特　著　杨成娟　译

北京出版集团
北京美术摄影出版社

**封面** 《爱说糟糕谎话的玛蒂尔达》中的主人公玛蒂尔达，作者希莱尔·贝洛克，1991年
**封底** 波西·西芒德斯，摄影师彼得·博伊斯，1970年
**卷首插画** “文学生活”（法国版）中漫画的大手提袋插图，促销品，2014年
**上图** 《韦伯太太的日记》环衬页，约依印花图案模仿作品，1979年
**第114页图** 为《卫报》绘制的社论插画，20世纪70年代



**图书在版编目（CIP）数据**

波西·西芒德斯 /（英）保罗·格拉维特著 ；杨成娟译. — 北京 ：北京美术摄影出版社，2020.12
（世界金奖级插画艺术家系列）
书名原文：Posy Simmonds
ISBN 978-7-5592-0345-8

Ⅰ. ①波… Ⅱ. ①保… ②杨… Ⅲ. ①波西·西芒德斯－生平事迹②插图(绘画)－作品集－英国－现代 Ⅳ. ①K835.615.72②J238.5

中国版本图书馆CIP数据核字(2020)第099802号

**北京市版权局著作权合同登记号：01-2020-1451**

责任编辑：王心源
执行编辑：李 梓
责任印制：彭军芳

世界金奖级插画艺术家系列

# 波西·西芒德斯

BOXI · XIMANGDESI

［英］保罗·格拉维特 著 杨成娟 译

出 版 北京出版集团
北京美术摄影出版社
地 址 北京北三环中路6号
邮 编 100120
网 址 www.bph.com.cn
总发行 北京出版集团
发 行 京版北美（北京）文化艺术传媒有限公司
经 销 新华书店
印 刷 广东省博罗县园洲勤达印务有限公司
版印次 2020年12月第1版第1次印刷
开 本 787毫米×1092毫米 1/16
印 张 7
字 数 125千字
书 号 ISBN 978-7-5592-0345-8
定 价 98.00元
如有印装质量问题，由本社负责调换
质量监督电话 010-58572393

# 目录

## 简介

2018年1月25日，在位于伦敦的法兰西学院的卢米埃影院的大屏幕上，波西·西芒德斯正在画一幅漫画，以此回应现场讨论的主题：自20世纪30岁以上的英国女性第一次获得投票权和选举权以来，她们取得了怎样的成就以及还有多长的路要走。随着画笔的落下，眼前呈现的是男人如何从最初的生命形态一步步进化成手握长矛的穴居人的画面。在他到达山顶之前，一位当代的女性早已通过攀爬一条更难攀登的垂直悬崖登顶，并且她身后还拴着一名女性同伴。波西解释了漫画描述的内容："机会均等。这就是我所相信的，机会面前人人平等，每个人都有发挥自身潜能的机会。然而许多女性，特别是贫困的女性，却没有这个机会。"

波西·西芒德斯意识到了她拥有的机会和运气，凭借其天赋和独立个性，成为蜚声国际的插画家、作家、漫画家。尽管从事漫画工作已经五十多年，西芒德斯目前依然处于创作巅峰期。通过拓宽漫画媒介的范围和详细描述其精妙之处，她成了该领域最资深的创新者之一。从20世纪60年代后期开始，西芒德斯便享誉伦敦，她不仅是全国性报纸杂志上才华横溢的漫画家，更是深受读者喜爱的童书和图像小说的作家兼插画家。其1981年出版的《真爱》一书可以称得上是现代英国的第一本图像小说。然而在21世纪以前，在英国以外的地方，知道西芒德斯的人并不多，直到他们在《卫报》上看到了她每周连载的漫画：讽刺自由主义中产阶级的三个对比鲜明的家庭——韦伯、赖特、希普，抑或是像《弗雷德》一样充满智慧并被翻译成多种语言的儿童故事，该书于1996年改编成奥斯卡奖提名的同名动画短片《出名的弗雷德》。西芒德斯首次在美国杂志上发表的作品，是在1982年到1983年期间于纽约刊登在一本名叫《哈泼斯杂志》的月刊上的单页漫画，仅刊登了15张，并没有引起广泛关注。

波西·西芒德斯的国际地位随着她的图像小说得到了显著提高，其创作的《杰玛·包法利》（1999年）、《塔玛拉·德鲁》（2007年）、《卡桑德拉·达克》（2018年）被译成多种语言

**上图**
2018年在伦敦纪念女性获得参政权一百周年大会期间现场绘制的漫画

广泛传播。世界各地越来越多的人通过斯蒂芬·弗里尔斯在2010年改编的电影发现了她的图像小说《塔玛拉·德鲁》，或通过改编的法国版电影和广播剧《新包法利夫人》发现了《杰玛·包法利》。波西·西芒德斯的成人作品充满了文学与艺术典故，有着压抑的欲望、道德的虚伪，是典型的英国风格，却在世界各地产生了共鸣。正如作家、广播员克莱夫·詹姆斯在他的网站上所描述的那样："她偷听这个时代日常生活对话的能力，从一开始便足以让她傲视同时代英国小说家。"人们往往被她的端庄气质和上流社会口音迷惑，从而忽略了她超越阶级的洞幽烛微的观察力，以及精准模仿不同人物类型和口音的能力。西芒德斯能成为当代英国社会最敏锐的记录者和评论者，也就不足为奇了。

## 孩提时代

为了弄清西芒德斯为何会踏上绘画与写作的道路，本书作者在翻阅了多年来与她之间的采访、交谈和往来通信之后，从她的童年生活中找到了答案。1948年的一个夏天，在英格兰东南部伯克郡的一座维多利亚风格的大型住宅里面，小名波西的3岁小女孩罗斯玛丽·伊丽莎白·西芒德斯单独留在一堆图画书中玩耍。"家里全是书。"她回忆道，其中有一套旧的英国幽默周刊《潘趣》合订本。小女孩仔细翻看着这些图画书，被书中的线条迷住了，惊诧于它们组成的小人儿的面孔、服装、姿态。她无数次埋首在这些传家宝中，临摹一幅幅图画，编造属于她自己的故事。有一年，她收到了最完美的生日礼物，爸爸送了她一沓厚厚的双象牌画纸（DOUBLE ELEPHANT），旧时英制尺寸，687毫米 x 1016毫米，差不多A0纸大小。她用整个童年，画完了所有的纸。《潘趣》上面的漫画至今还在影响着她：乔治·杜·穆里埃讽刺的维多利亚时代的风俗，"庞特"[格雷厄姆·莱德勒，（Graham Laidler）的笔名]笔下捕捉到的20世纪30年代的"英国国民性"（English Character），后来她钦佩的杂志漫画家，如罗纳德·希尔勒，以及给《第三只眼》供稿的作者，包括

**第8页图**
7岁的波西·西芒德斯准备去摘黑莓

NO1
How to make
love and be Loved
in
4 easy lessons

THE RED
DAGGER!

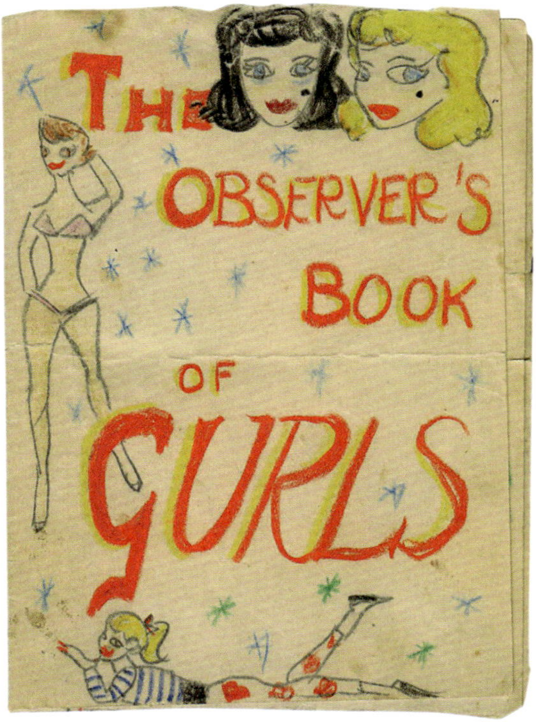
THE
OBSERVER'S
BOOK
OF
GURLS

2d
HOW TO TURN YOURSELF
INTO AN UP TO DATE
TED
SEE YOU LATERALLIGATOR
SEE YOU SOON BIG
BABOON!

**第10页图**
西芒德斯9~11岁时画的小人书封面

**上图**
9岁时作品《玛丽莲·梦露去射击》

绰号“呆子”的沃利·福克斯、杰拉尔德·斯卡夫、威利·拉什顿等人。她对幽默黑白绘画技巧的热爱，对黑色墨水接触白纸瞬间的痴迷，或许可以解释为什么她最喜欢黑色了。与此同时，西芒德斯将目光投向他们的前辈——英国讽刺艺术先驱，尤其欣赏威廉·霍加斯、托马斯·罗兰森、詹姆斯·吉尔雷。她将他们18世纪的风格运用到了她的作品中，例如，2015年她受邀为伦敦弃婴博物馆绘制的插画便脱胎于亨利·菲尔丁的代表作《汤姆·琼斯》（1749年）。

西芒德斯从小培养的好奇心、观察力和想象力，如今同样体现在她的工作中。她与其丈夫兼同事理查德·霍利斯居住在伦敦克勒肯维尔。理查德·霍利斯是一位平面设计师和“视觉工程师”，两人于1991年搬进了一栋乔治亚风格的联排别墅，在这栋别墅的地下室里，有两间毗连在一起的独立工作室。西芒德斯在她的私人空间里面思考和创作，她在纸上构思角色：她画他们的脸、衣服、道具和肢体语言，琢磨并记录他们所说的话以及他们说话的方式。西芒德斯从小就具有惊人的模仿能力。她很享受大声说出她笔下角色的台词，弄清每个角色的口音，也许还会准确地复述当天在公交车上偷听来的谈话。用她的话说 “19路和38路公交车是最佳线路” 。为了寻找灵感，她可以长时间盯着墙上加了框的漫画看：壁炉上面挂着托马斯·罗兰森的《沃克斯豪尔》和威廉·尼克尔森书中詹姆斯·惠斯勒的木版肖像画。窗户旁边是大卫·罗的讽刺漫画，这位才华横溢的漫画家仅用寥寥数笔便勾勒出了丘吉尔、希特勒、墨索里尼等人的形象。

西芒德斯家一共有五个小孩，波西是中间的那个。在农场长大的波西，早已领略过乡村生活真实的一面。这样的生活体验同时也影响了她的作品。她常常在作品中将城市与乡村加以对比，打破了都市人对乡村抱有的不切实际的幻想。在都市人眼里，乡村是远离尘嚣的世外桃源，并且认为亲近自然能够达到净化心灵的目的。她的漫画作品中，无论是莱特家的“一座十六世纪农舍的优美风光”，还是韦伯家在康沃尔郡度过的疲惫不堪的假期，又或者包法利夫人的诺曼底噩梦，这样的幻想经常出其不意地被

**第13页图**
2015年根据亨利·菲尔丁的小说《汤姆·琼斯》为伦敦弃婴博物馆创作的“美德与仁慈”

# VIRTUE — CHARITY

Riches in the Hand of a Beneficent Man are a Blessing to the Publick: Such a one is a Steward to Providence and the noble Means of correcting the Inequalities of Fortune, of relieving the Miserable and spreading Happiness to all in Reach of his Acquaintance.

STANHOPE & VICKY UTTER PITIFUL CRIES...
Oh JANICE! Thank God! SAVE US! Help!
JANICE TAKES A SMALL BOTTLE FROM HER POCKET AND REMOVES THE LID....
....STIRRING IN THEM THE TERRIBLE RACE MEMORY OF A MILLION SUNDAYS.....
BAA!
....A PUNGENT SMELL OF MINT SAUCE WAFTS OVER THE ANGRY SHEEP.....
!
QUICK! UP HERE!
THUS, JANICE CREATES A SUCCESSFUL DIVERSION. BUT PANIC BREAKS OUT AND THE SHEEP SURGE FORWARD....
TRIP
JANICE IS SUBMERGED BENEATH A TIDE OF FRENZIED WOOL.

STANHOPE & VICKY UTTER PITIFUL CRIES...
They'll trample us! HELP!!
Oh JANICE! Thank God! SAVE US! Help!
****!
BAA!
JANICE TAKES A SMALL BOTTLE FROM HER POCKET AND REMOVES THE LID....
....STIRRING IN THEM THE TERRIBLE RACE MEMORY OF A MILLION SUNDAYS.....
BAA!
....A PUNGENT SMELL OF MINT SAUCE WAFTS OVER THE ANGRY SHEEP.....
BAA!
!
QUICK! UP HERE!
THUS, JANICE CREATES A SUCCESSFUL DIVERSION. BUT PANIC BREAKS OUT AND THE SHEEP SURGE FORWARD....
****!
TRIP
!
JANICE IS SUBMERGED BENEATH A TIDE OF FRENZIED WOOL.

**第14页图**

1981年创作的黑白艺术品《真爱》（页面上方）以及三间色粉色的覆盖层（下方，插图中显示为黑色）

**上图**

《你是什么样的人？》，画面是西芒德斯最喜欢和最讨厌的东西，2018年绘制于伦敦插画之家

现实打破。亲眼见过牲畜是怎样饲养的，也知道它们偶尔会做出怎样的反应，让西芒德斯对动物有更加理性的认识。她永远都不会忘记她家附近养殖场的一名畜牧工被一头护犊的德克斯特母牛踩死的一幕。“它们看似矮小，却不好惹。我很喜欢看牲畜反抗人类。”她的作品反映了她的喜好。在《真爱》一书中，珍妮丝想要复仇，于是打开了一罐薄荷酱，结果“被受到惊吓潮水般狂奔而来的羊群踩在脚下”。比它们更凶残的，是《塔玛拉·德鲁》中横冲直撞的白带格罗威牛。动物在西芒德斯的作品中随处可见，它们当中既有宠物也有野生动物。韦伯家的豚鼠基思和摇滚猫明星弗雷德都是家养宠物，野生动物和它们的求偶仪式通常隐喻的是人类的举止和性行为。2008年，伦敦达利奇美术馆展出了她为插画之家绘制的《你是什么样的人？》，这幅基于维多利亚时期室内游戏的画作展现了她最喜欢和最讨厌的东西，其中她最喜欢的动物是一头牛。

## 童年漫画书籍

阅读和画漫画对波西的童年创造力的培养和终身事业的选择同样重要。只要是她几个哥哥和她同学带到家里或传到她手上的书，不管什么类型，就连平时在学校最爱的玩具盒“彩虹”和“小鸡自己的东西”的嵌板下面附带的文字说明，如饥似渴的波西都不会放过。20世纪50年代早期，波西·西芒德斯和她的哥哥正处于对漫画杂志感兴趣的年龄。这类杂志包括培养了戴维·罗、莱奥·巴克森代尔、肯·里德等人在内的《比诺》《丹妮》《第一流》，新出现的更潮更值得注意的凹版“连环漫画周刊”《鹰》《女孩》《知更鸟》《雨燕》，以及女孩们创办的于1950年开始刊登漫画的故事小报《校友》和《女孩的水晶》。因为对《校友》上寄宿学校勇敢的“缄默三人组”侦探的喜爱，西芒德斯在刚满11岁的时候便准备独自离家，并于1977年赋予“缄默三人组”新生命，除侦探外，还为她们增加了妻子、母亲、朋友三个身份，作为连环漫画首次在《卫报》上刊载。

第二次世界大战后，西芒德斯的父母对子女看漫画的态度非常随意，没有严加管束。20世纪50年代早期，报纸、广播、电视都在指责国家进口和再版美国“恐怖漫画”助长了失学率和犯罪率，她也看到很多这种危言耸听的报道。1955年，一场由女性团体、教师、英格兰教会、英国共产党共同发起的抗议运动迫使英国议会通过了禁止出版美国“恐怖漫画”的《未成年人（有害出版物）法案》。在此之前尽管没人因此被起诉，但漫画出版商不得不自我审查或停止营业。波西在1951年去她的一个哥哥就读的位于库克姆迪恩的赫里斯学校上学时，才发现美国连环漫画书卖得特别贵。她结交的朋友当中有美国空军军官的小孩，他们乐意与她分享已经看过的漫画，这些漫画都是从莱斯里普空军基地买来的。西芒德斯记得她收藏过《超人》《无能兵萨克》《南希》，偶尔也会有一些惊悚漫画，以及美国彩报《周日娱乐》副刊上的《明星布隆迪》《疯狂猫》《迪克·特雷西》。她会待在宽敞的阁楼里某个固定角落，手捧一本漫画，度过一个美好的早

**第17页图**

《子弹惩罚》第一部分（仅有的）的封面和第一页，西芒德斯10岁或11岁所画

FIRST INSTALMENT (2d)
"Bullet Vengeance"

BULLET VENGEANCE
ONE NIGHT
GOOD NIGHT PEGGY, I MUST GO NOW, SEE YOU TOMORROW
OH - NIGHT JIM
WAS THAT A SCREAM I HEARD!
PEGGY?
HEAVANS! SOMEONES MURDERED HER!
OPERATOR! 999, QUICK POLICE!
5 MINS LATER
YOU MAY GO NOW. THANKS AWFULLY
O.K
SUDDENLY!
O HELL! WHOSE THIS IDIOT!
A RIDE
WHERE'S THIS DAMNED CRATE TAKING ME TO?
COME ON MATE
LATER

NEXT MORNING
O, HELL NOT ANOTHER!
Get a new pair of trousers falling down. Anonymous
SOMEONE'S BEEN AROUND BOSS, AN' LEFT THIS
O HANG IT!
GOTTA GET OUT OF THIS DAMN PLACE
O. NO
UP ABOVE
MY NOTE'LL KEEP'EM BUSY

HOURS LATER
O NO! I CAN HEAR SOME ONE COMING
NOTICED ME
AN HOUR LATER
BELOW
THERE'S SOMEONE GOT CAUGHT IN OUR TRAP
FINISH HIM OFF
TO BE CONTINUED IN THE NEXT ISSUE
THE LIST OF BOOKS
"GLAMOUR" 6D
"BOOZE" 2/6
"VISION OF THE UNDERWORLD" 6D
"BULLET VENGEANCE" 2½d
Another story in this series is
"Vulture's Hole"
EDITOR

**第18页图**
《子弹惩罚》的最后几页

晨。“看漫画犹如远航，我很享受这个过程，它可以带我四处游历。”她的普鲁斯特式记忆唤起了童年往事：一本翻开的漫画盖在了脸上，沉睡的小女孩，在梦中嗅着独特的花香。散发书香味道的美梦，以及广播公司播出的侦探剧，如《保罗·坦普尔》《特工迪特·巴顿》，激发了她的创作欲望，西芒德斯大约在8岁时便完成了《子弹惩罚》《红色匕首》两幅漫画，虽然天真稚拙，却展现了她的天赋和潜能。

西芒德斯在卡弗舍姆历史悠久的安妮女王女子学校上学期间，她获取知识的途径从课堂延伸到了课堂之外。作为寄宿生，她每学期只有三个礼拜天可以回家，由此养成了自立和坚毅的性格，并和三个女孩建立了长久的友谊。她的英文、法文、拉丁文成绩都很好，同时保持着自主阅读的习惯，通过学校图书馆和各种期刊进行了大量阅读。十几岁时，情窦初开的西芒德斯开始痴迷于俗套的纯洁爱情漫画，并且创办了一本名叫《她自己》的女性杂志，早熟中透着单纯。该杂志后来被学校没收，理由是低级趣味。然而，这类浪漫故事所描绘的幸福婚姻和美满家庭，波西却并不向往。“从小我就对婚礼没有任何幻想。每当读到童话故事的最后‘从此他们幸福地生活在一起’，我就知道故事结束了，因为没有什么可写的了。”

一次，教法文的时尚女老师在课堂上分发福楼拜的《包法利夫人》（1857年），要求大家阅读。西芒德斯发现，书中充满悲剧色彩的女主角对感情的厌倦，与她对婚姻日益强烈的怀疑不谋而合。

> 1950年代，虽然学校鼓励我们去上大学，但是你要结婚，就没办法继续读书。所以，我的看法是，离开学校到结婚的这段时间非常短暂，短暂到你来不及认识自己，来不及施展抱负。在你想明白之前，大幕已经落下，从此你只得回归家庭，做一个贤妻良母。

西芒德斯将目光投向了艺术学校，决心成为一名画家。她选

**左图和下图**

西芒德斯14岁时创办的女性杂志《她自己》的封面和跨页

**第21页图**

西芒德斯2002年为《卫报》画的《为什么结婚？》

Why Marriage?
Because we're a fairy tale...
...and because we have a fairy tale wedding....
...AND we live happily ever after....
Why marry? Because it is an honourable estate....
Because it is our Christian Duty
Because we love one another
Because it prevents the sin of fornication and the shame of bastardy
Because it is my duty to provide heirs for the transmission of my husband's property
Because, as a woman, I have no alternative... Having access to neither education nor paid work, I am obliged to marry for financial, legal and physical protection
Why marry? Because we're in love
Because it's what Society expects
Because cohabitation is a sin!
Contraception is unreliable
Because no girl wants to be left on the shelf!
Because men earn a breadwinner's wage. Women don't.
Because, post-war, the Goverment wants women to return home, marry and breed.
Because he's got my daughter in the pudding club...he can bloody well make her an honest woman! That's why!
Why marry?
Because we're crazy about each other!
Because we want to start a family...
Because marriage, at the end of the day, gives a more stable environment for having kids.
Because I've always dreamed of having a really big DO with all the trimmings!
BRIDES
Why are we getting married?
Good question
Er...cos we wanted to make a public demonstration of our love and commitment to each other...and our children...
Because we wanted to have a really great party!
And er, because if it doesn't work out, it's not a life sentence... you know, we can just call it a day...
© Posy Simmonds

修了“其他艺术”课程，仅用一年时间就以优异的成绩通过了考试，随后于1962年离开了卡弗舍姆。

## 巴黎和伦敦的召唤

17岁时，西芒德斯的父母安排她出国留学，这是她第一次独自离家，前往在巴黎的寄宿家庭。她选了巴黎大学为留学生开设的为期一年的课程，此外还选了其他艺术课。对西芒德斯来说，巴黎不仅仅是一所为年轻女性学习上流社会社交行为的“精修学校”，更是让她跳出寄宿学校体系的一个机会。并不是说她想吸烟、酗酒，或行为不端，而是想要结交新朋友、体验新生活，更加无拘无束。这是她探索的第一座城市，意味着她不单是在课堂上学习法语、文化、政治，还可以在日常生活中感受和体会所学到的知识，将它们写入书中，画进画里。西芒德斯不仅读完了学校规定的所有课本，还阅读了大量的课外书。但是在1963年的夏季学期，她感到“生活实在太有趣了。由于把精力过多地都放在文学和社交上面，以至于没有时间上课”，最后干脆连期末考试都没有参加。回国后，她的父母原谅了她，也消除了初见她时的震惊：实在无法将眼前这位只爱黑色、打扮得像法国女演员茱丽叶·葛蕾柯的摩登女郎同曾经那个聪明伶俐爱穿粗花呢的小女孩联系起来。西芒德斯对法国的好感持续了一生。

待在位于库克姆迪恩的家中的那段时期，她非常想去伦敦上艺术学校。立志成为一名画家的她，从1963年10月开始在位于皮姆利科的希瑟利美术学院学习了六个月的人体素描和绘画。她后来回忆道：“实际上没有课程安排，只有两个工作室，里面有模特和助教老师……”在1964年秋天申请中央艺术与设计学院（现在的中央圣马丁艺术与设计学院）之前，她在希瑟利美术学院度过了一段充实的时光。遗憾的是，她错过了申请学习绘画的时间。但当她在整理作品集的时候，遇到了预科学院院长，院长建议她重新申请预科课程。她听取了院长的意见，最终被学校录取。在校期间，她体验和尝试了蚀刻版画和平版印刷，见识到了

**第23页图**
1962年在巴黎求学的西芒德斯用钢笔画的一幅公寓素描图

导师们的影响力，他们像流行艺术家德雷克·博希尔一样，既是讲师也是画家。

不过，到最后，她决定不当画家了。“商业艺术具有贬义色彩。而我喜欢用画画的方式写作，这才是我想要做的事情。”虽然中央艺术与设计学院没有插画系，但她可以取得艺术与设计学士学位。不同的课程项目使她能够探索不同的风格，例如她曾经为一本烹饪书画了一幅插画，名为《豆瓣菜床上的一对鹧鸪》，颇有索尔·斯坦伯格和安德烈·弗朗索瓦的风格。然而她首先需要学习的却是如何手动操作机械排版工具：有时候两只手都很灵巧不是优势而是劣势。西芒德斯是天生的左利手，尽管她从小就被鼓励用右手写字和画画。

**下图**

1964年西芒德斯在伦敦希瑟利美术学院写生课上画的钢笔画

**第25页图**

一幅没有标题的学生课题作品，绘制于1966年，西芒德斯到中央艺术与设计学院（原来的中央工艺美术学院）上图形设计课的第二年

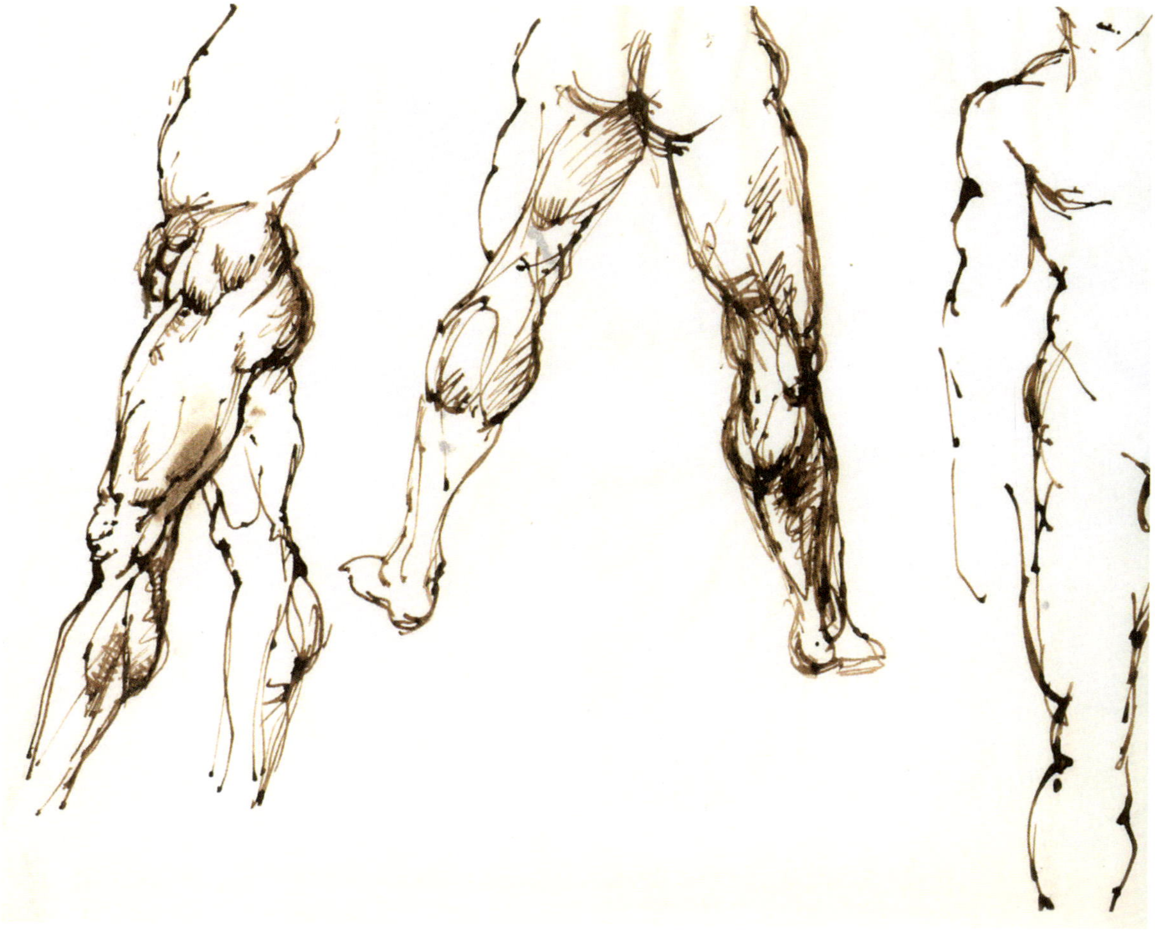

my name is bond,basildon bond,spawn of two mecca ravy dance addicts;it all comes so easy in the dark hours.they even had a knitting machine and fashioned strange, rustic happenings upon it.i said often,don't
terrorize your children,for they will do likewise and sometimes messily.pat their little grey gaberdine heads and be old and wise.they grow more assets than you do leaves.it's a marvellous form of invest ment.when the time came to leave,i hit paternoster
AARGH beneath the belt and van ished with that etruscan hulk.
17
CHOKE
IT HURTS SO MUCH TO REMEMBER
AH,FEELING HER WELL KNIT LIMBS BENEATH THE BOUCLE TWEED AND REIN DEER HAIR,GAZE INTO THE WEEDED PONDS OF HER EYES.JUG JUG PU WEE.
cock a snook would you
hey nonny nonny no,with a ho
and it came to pass,at forty years of age, that i married a knitting machine in a mecca dance hall,and forgot to rave for three hundred years.

尽管如此，学习活版印刷术使她能够准确地写出大小和长度一致的文字，并且据此设计了体现她“强迫症”特质的字体。“在伦敦西区，你可以和四五个人合租一套便宜的公寓，里面没热水，没电话，没冰箱，没煤气”，西芒德斯把在大学期间的真实生活场景搬到了《卫报》连环漫画中那个她曾经想要成为的美术学生伊俄卡斯忒·莱特身上。

**上图**
《豆瓣菜床上的一对鹧鸪》，1967年西芒德斯在中央艺术与设计学院读书时为一本烹饪书画的一幅插画

## 作品出版

西芒德斯首次出版的插画，是1966年还在中央艺术与设计学院上学时为约翰·波洛克的小说《铁丝网下的草丛》画的护封。对于该书来说，她的插画可谓锦上添花。标题字体全部采用拉突雷塞干印法手工抛磨，在她看来“歪歪扭扭的”，但“出版商安东尼·布朗德给我开了一张25英镑的支票，我用它办了一张银行卡”。1968年，该作品和她展示的毕业设计无意中被报纸漫画家梅尔·卡尔曼发现，并留下了一张名片，表示愿意给她提供帮助。西芒德斯后来给梅尔·卡尔曼打电话，对方对她应该去找什么人、展示多少作品给出了建议，并且叮嘱每次见面都要提前约好时间。一开始事情没什么进展，为养活自己，她决定去打零工，找一些像清洁工一样的杂活来做。不承想住在《泰晤士报》附近帮了她大忙。1968年10月23日，《泰晤士报》编辑上门拜访，邀请她为“女性专栏”创作有关房屋改装和翻新的漫画。“工作环境非常糟糕，我握笔的手都紧张得发抖！”她回忆道，不过最终还是在下午5点的截止时间前按时完成了五张即兴创作的漫画，交完稿的第二天就被刊印出来了。单凭住在附近和人品可

**上图**

西芒德斯1968年第一次给《泰晤士报》供稿的五幅房屋改装漫画当中的一幅

**右图**

24岁的波西·西芒德斯在喝意大利特浓咖啡，彼得·博伊斯摄，1970年

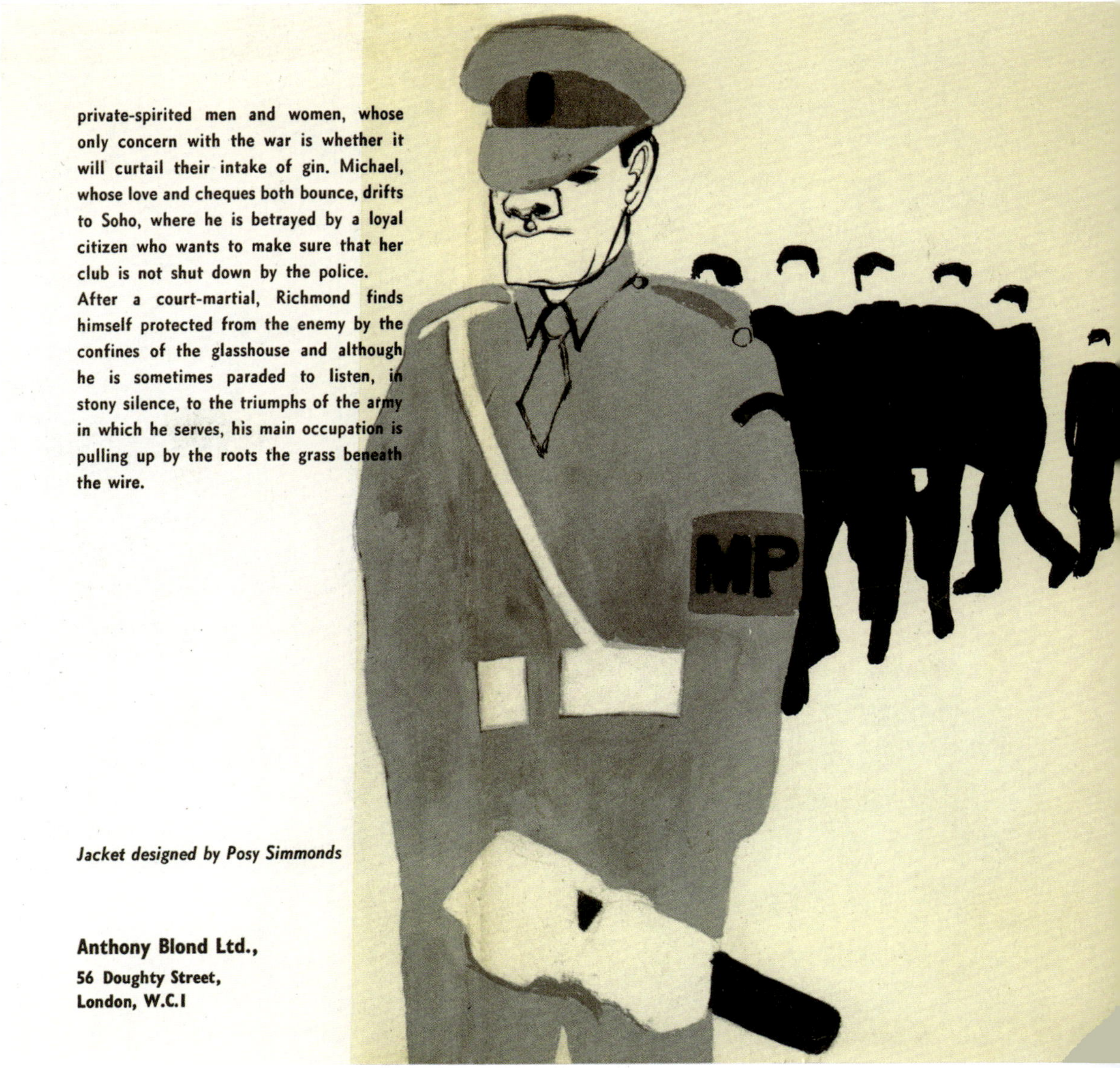


**上图**

西芒德斯首次出版的插画：1966年为约翰·波洛克的小说《铁丝网下的草丛》画的护封

靠这两点，她相信报社一定会再次找上门来。

慢慢地，客户越来越多，面对交稿压力，她开始像梅尔·卡尔曼一样，提高速度的同时减少线条的使用。西芒德斯的第一本书由一家小型出版社于1969年作为诙谐小说出版，书的封面上有个红色印记，写着“少儿不宜”几个字。这本名叫《波西的熊》的漫画书讲述了一个女孩的玩具突然全部苏醒过来的故事。西芒德斯构思了几个略显粗俗的角色：好色的男人们即徒有虚名的泰

迪熊、企鹅、兔子，以及调戏小女孩（玩偶）的黑脸黑短发布娃娃。

《太阳报》的新编辑拉里·兰姆收到了西芒德斯发来的该书的复制件（该报被卖给鲁伯特·默多克后，变成了通俗小报）。他联系了西芒德斯，并和她签了合约。据副主编伯纳德·施里姆斯利回忆："年轻美丽的波西·西芒德斯拿着她的'熊'系列走了进来，开口说的第一句话便是'全部构思好了'。然后透过她那老款劳斯莱斯汽车头灯般大小的眼镜，用坚定的眼神盯着我们，直到我们相信她的话为止。"1969年11月17日，改版后的《太阳报》宣布将《波西的熊》作为该报的固定专栏。西芒德斯做了一个明智的决定：将故事发生的场景从幼儿园扩大到了现实世界，删掉了黑脸黑短发布娃娃，减少了企鹅的戏份，去掉了熊的主角光环，有时还会把抱着一个大萝卜的兔子变成睁着大眼睛，穿着迷你短裙身材高挑的傻白甜。这些用钢笔画成的故作天真的漫画人物成为该报的一部分。在1970年一周年庆时，该报的第3页出现了一张上身裸露的美人像。

**上图**
1970年代早期刊登在《太阳报》上的"熊"系列漫画的两个原创版本

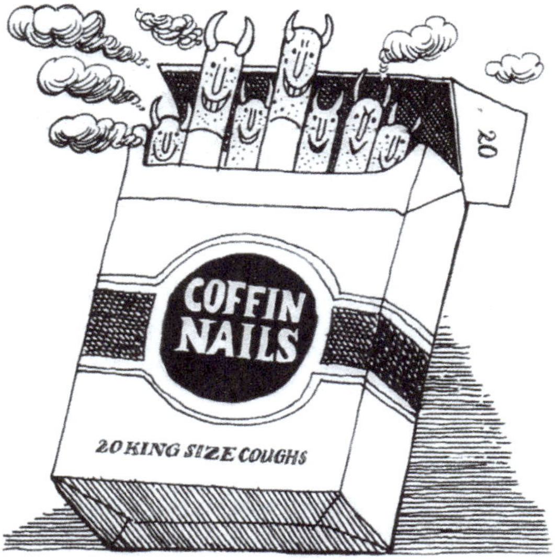

西芒德斯发现，一周六天绘制辛辣的讽刺漫画是一项费力的工作，而且“熊”这一主题已经变成了过时的、政治不正确的象征。然而，这不过是她所有作品的一小部分。截至1975年，她已经创作了不少于1500幅漫画，其中两本平装本也在同时期出版。此外，早年和同学之间的打趣，让保守的她体会到了讲性暗示双关语和黄色笑话的乐趣，从而成为她日后连环漫画的又一重要特色。

“熊”只是西芒德斯20世纪70年代早期所有作品里面的一部分：“其他的作品我投入的精力更多，因而它们对我来说更重要。”她同时为多家报纸杂志供稿，包括《读者文摘》《女人帮》，以及1972年开办的英国版《时尚》和同年成立的《卫报》，办公地点设在格雷律师学院路的《星期日泰晤士报》大楼里面，离西芒德斯住的地方很近。“作为插画师，你总有选择的余地：要么装饰文字，要么解释文字。如果你不认可原作者的观点，你可以用插画来反驳它。”西芒德斯对长期合作的报社的选择取决于她的政治理念和女权主义原则，例如她于1974年为《卫

**左上图**

1980年为《时尚》杂志画的插画

**右上图**

1977年波西·西芒德斯（右）代表《时尚》杂志的男女混合板球小组对阵《新政治家》周刊

报》创作的《黑即是白》的漫画。不久之后，她和专栏作家吉尔·特威德一同成为了《卫报》“女性专栏”的供稿人。1968年西芒德斯通过梅尔·卡尔曼认识了特威德，特威德成了她的救星。当时，西芒德斯刚从大学毕业，“身无分文”的她在特威德家中借住了几乎一整年的时间。

西芒德斯会经常光顾各地的报刊亭购买报纸、杂志，其中《潘趣》是她从小就喜欢的杂志，直到1972年，她都是《潘趣》的忠实拥趸。但在1972年3月29号发生了转变，用前工党内阁大臣、客座编辑、国会议员芭芭拉·卡素尔的话说：“那期《潘趣》的作家、编辑、漫画家、制作人，全都是女性。”但这种全部由女性员工组成的团队只维持了一周。在她们负责的那期杂志出版前，常驻编辑威廉·戴维斯事先安排了一些宣传和拍照的活动，策划邀请卡素尔和西芒德斯加入该周刊的女性供稿者行列，西芒德斯当时正在《潘趣》办公室外参加反对其拒绝聘用女性员工的抗议。她们张贴布告，号召“全世界朱迪联合起来”（朱迪女士是潘趣先生的太太，暗指女性）。西芒德斯为《潘趣》“女性掌权”特刊画了四张技巧成熟的讽刺漫画。然而，就在接下来的第二周，她们的工作就被男员工接替了。西芒德斯在《潘趣》上第一次刊载的作品，也是她的最后一次。恰巧企业出版社要出一期“企鹅”特刊，看到她刊登在《卫报》的作品之后，委托她为“女性权力实用指南”专题绘制37张漫画。她的犀利睿智，以及按照“熊”系列漫画风格改编而成的滑稽作品《白雪公主》，将矛头直指1974年英国女性遭受的不平等现象。

**上图**
西芒德斯在20世纪70年代为《读者文摘》“生活就是这样的“专栏画的标题插画

**第33页上图**
1974年为《卫报》创作的《黑即是白》漫画

**第33页下图**
20世纪70年代中期为《卫报》绘制的社论插画

BLACK
WHITE
Posy

Posy

Posy

HER MASTER'S VOICE

**上图**
刊登在《潘趣》“女性掌权”特刊上的两幅漫画，绘于1972年3月29日

**第35页图**
《一个警示故事》，1974年刊登于“女性权力实用指南”特刊

同年，西芒德斯与创意平面设计师理查德·霍利斯结婚了。理查·德霍利斯初次遇见西芒德斯是在1968年，当时他是中央艺术与设计学院的年级组长，西芒德斯还有一年毕业，但他并没有教过她。理查德·霍利斯和前妻育有两个儿子。1974年，理查德40岁，西芒德斯比他小11岁。她答应帮助理查德照顾他的两个儿子，他们决定不再生小孩。作为两个小男孩的继母和一个离异男人的妻子，新的生活充实并深化了她的作品内容。20世纪70年代，婚姻的破裂越来越普遍，离婚率在过去的10年里翻了一倍，这为她后期的几个角色提供了创作素材。老少恋同样出现在了她的漫画中：当斯坦洛普·莱特十八九岁的女儿伊俄卡斯忒将剑桥大学数学系老教授斯蒂芬·托尔特带回家时，全家人都忧心忡忡，而斯坦洛普却在频繁与年轻女人调情；还有《塔玛拉·德鲁》中的尼克·哈迪曼，他的妻子深知他干的事。

A Cautionary Tale
Oh dear, what shall I do, with the price of flats so high?
If you will be mother to us and keep house, Snow White, then you may stay with us
and so...
HMM
Home sweet Home
KNOCK! KNOCK!
You are hereby accused of falsely obtaining Supplementary Benefits whilst living in sin with 7 little men

## 《卫报》“女性专栏”周刊

《卫报》自从1957年创刊以来，因其致力于报道和改善女性的生活，吸引了大量忠实的读者，而这些读者不仅仅是女性。1969年，特刊编辑彼得·普雷斯顿聘请约翰·肯特画大幅连环漫画，每周一期，主角是一位金发性感美女，她的名字薇露姆希卡取自德国模特兼演员薇露希卡·冯·伦道夫。肯特称其为“对任何事物都保持怀疑态度的大众情人”。每周，他的这位具有怀疑精神的金发美人，在走完最新的时装秀后，总会向那些政客提出

**下图**
《女人的七个年龄阶段》，绘于2009年安古兰国际漫画节

一些天真直率的问题。薇露姆希卡是大多数男漫画家笔下的性感女主角之一，这样的角色最早可以追溯到《每日镜报》上的“战地甜心”丽萨·简·凯尔西。在2009年《女人的七个年龄阶段》的时间轴中，西芒德斯明确地指出薇露姆希卡挤压了其他漫画角色的空间。由于薇露姆希卡占据了星期一“女性专栏”版面，也遭到了女权主义者的反对，同时《卫报》的一些员工请求将其撤掉，最后都被否决了。直到1977年5月9日，肯特去度假，空出了大量的版面，给了反对者们短暂的填补机会。西芒德斯向上面提议，使用横向版面插入两集针对女性的漫画。提议最终被采纳，西芒德斯重新画了尺寸更大的两个版本，第一版于5月16日刊印。9月10日，当肯特休假回来后，才发现薇露姆希卡已经被换到了《卫报》星期日的“观点专栏”，变成只有一页纸的小幅双层漫画。“女性专栏”的负责人也换成了西芒德斯。

通过换掉薇露姆希卡，西芒德斯拥有了两个专栏那么宽的灵活的横向版面，专门用来讲她自己的故事。她开始尝试挑战连环漫画，因此她像往常一样更新了已有的模板，以备将来再次使用。在《圣博托尔夫学校的缄默三人组》中，西芒德斯增加了三个性格截然不同的“老校友”，20年前她们一起从公立学校（类似于西芒德斯曾经就读的卡弗舍姆女校）毕业。从那以后，她们各自扮演着朋友、妻子、母亲的角色：翠西或斯坦洛普·莱特太太（斯坦洛普的第二任妻子），温蒂或乔治·韦伯太太，乔或埃德蒙·希普太太。这个由30多岁的女人组成的团队，代号“缄默三人组”，穿着有帽子的“宽松华达呢长袍”，暗中替人伸张正义。从1950年到1963年，西芒德斯先后在《校友》中修改了主角的名字和她们的学校，盲目地相信《卫报》的一些读者会回忆起她们最初的名字和冒险经历。西芒德斯没有过多地宣传和解释，突然改头换面的《校友》不仅与薇露姆希卡的风格迥然不同，而且与“女性专栏”严肃的报道大相径庭。

第二周，西芒德斯开始创作一部名叫《桑德灵厄姆果子馅饼案件》的滑稽漫画，共分为三个部分。几个拿腔拿调的亲密女友在女王二十五周年纪念日游园会上，找出了藏有炸弹的甜点，

成功化解了危机，结果却卷入了以新思潮著称的伦敦当代艺术学院的“自毁艺术回顾展”。在第六本连环漫画中，西芒德斯将翠西、温蒂、乔的过去——在1957年离开学校时，她们的梦想是圣博托尔夫学校的座右铭“尽力而为，做你自己。若成不了天空中耀眼的星星，那就像萤火虫一样发光吧”，与她们的现在及十年后、二十年后的生活作比较。例如，1967年，年轻的温蒂早早结婚，在生下两个女儿后，丈夫乔治想要一个儿子。1977年，全都是已婚男人“我想要”的声音，而忽视了已婚女人的声音。翠西的丈夫斯坦洛普的愿望是“我想送伊俄卡斯忒（他和第一个妻子生的女儿）去纳沙泰尔淑女学校……但负担不起”；乔的丈夫埃德蒙最大的野心莫过于成为“一名区域销售经理”；而温蒂和乔治，在连续生了五个女儿之后，终于有了他们的第一个儿子班吉，用温蒂的话说：“这就是他的愿望。”她们曾经想要“发

**上图**
《圣博托尔夫学校的缄默三人组：二十年后》，第一部分，《卫报》，1977年5月16日

光”的雄心壮志，彻底让位于丈夫的需求。

在西芒德斯的“缄默三人组”刊载半年后，本打算再构思几个故事，却被告知读者反应不热烈。幸运地是，“《卫报》给我时间，让我重新创作。没有报纸会像《卫报》一样给我试错的机会”。她将关注点从“缄默三人组”的神秘事业转移到了她们的自身，她们的家人及生活环境上，每个故事都是完整并可以独立成章的。这个转折点发生在西芒德斯与理查德前往一座位于康沃尔郡度假村的别墅隐居期间。当时她正在别墅画“韦伯一家”的故事。“画得越多，我越能理解这些真诚、善良、糊涂的自由主义中产阶级，为什么会在威尔士人面前极力表现得政治正确和友好。”《卫报》的读者更加理解这些人物，并且能从他们身上看到自己或身边人的影子。

**上图**

《缄默三人组需要什么？（她们又得到了什么？）》，1977年6月20日刊于《卫报》

## 在工作室

尽管对漫画已经相当熟悉，西芒德斯现在需要交付的却是连环漫画，每次需要花一周的时间边工作边学习。一开始她会在旁边额外加上一个“思考”符号，来提醒读者这是一个气泡对话框，或是在别的地方插入“痛苦”“内疚”等标签，用来表示人物的内心世界。后来她很快意识到富有表现力的面部和肢体语言最能传达情绪，人物的性格可以通过外貌、衣着打扮、不引人注意的细节展露无遗。她的滑稽漫画摈弃了夸张和冷酷的表现手法，而是采用了更朴素更柔和的风格，属于她欣赏的几个英国漫画家那一派，代表人物包括“安东”（安东尼娅 · 约曼）、奥斯伯特 · 兰开斯特、罗纳德 · 希尔勒。

西芒德斯面前放着一张绘画板，对面墙壁上挂着一面镜子，那是理查德送给她的圣诞礼物，镜子里的自己就是她的绘画模特，她会对着镜子里的自己摆出各种表情和肢体动作。在《工作室》这幅画中，她正拿着放大镜查看特写细节。因为知道报纸的复印效果不佳，所以她故意使用大胆醒目的线条，不仅节约空间，而且轮廓清晰。“我的画特别大，要用A3纸，不过更厚实一些。我经常在报纸上画一些大尺寸的画，实在是因为印刷效果太不理想了，不得不用粗线条代替细线条，线条太细根本印不出来。”以前《卫报》的印刷质量太差，油墨很容易脱落，一不小心就会沾到手指上。随着时间的推移，印刷技术会得到改进，到时她就可以描绘更丰富的细节和特征，并填写更多的文字，打印出来也会很清晰。

西芒德斯发明了一种步进式方法，为她在《卫报》上连载的

**右图**

《工作室》，2007年12月22日刊于《卫报》

漫画构思人物角色和故事情节。随后她进一步完善了这个方法，将其用于图像小说。

我会从一本笔记本开始，但不是真正意义上的记笔记。这对我而言是最重要的阶段，我会用它记录下与角色相关的重要决定，写下他们平常可能会说的一些话。我会尝试与他们进行交流。先确定性别，再选鞋子，最后画鼻子，或者擦掉重画。我会想：他们/她们开车吗？开什么样的车？住在哪里？这些都是我选角的“潜规则”。另外还要考虑服装、化妆品、道具。慢慢地，他们都有了自己的生活，你开始认识他们。

按照她笔记本里面的这些想法，西芒德斯为每幅漫画准备了剧本，并对每一条故事线安排了布局。

写作总是很难，写作和页面设计需要心境平和。写作完，我会稍加设计，用铅笔在A3纸上画出粗略的轮廓。特别是气泡对话框里面的文字，因为这样你就知道需不需要缩小尺寸，或者画一个特写分镜。接下来就是一帧一帧地画，并且手写对话框里面的文字。

在《卫报》上，西芒德斯通常会选择三个水平排列的行，总共约10~12格，原因如下：

它有一种节奏。假如期数已经确定，那么标题往往很重要，因为标题是内容的提炼。我经常画连载，需要保持剧情的连贯性。在第一行末尾，我会画个钩状或扭曲的符号来连接上下文，需要提前计划好。第二行末尾具有启下的作用，需要结合上文一起看。左下角通常是一块跳到最后的跳板。基本上我不会用一个笑话作为全篇的点睛之笔。

为避免过分强调，西芒德斯需要手打大写和小写印刷体字母。对话用无衬线字体，说明文字用衬线字体，从而打破漫画文字全部大写的传统。通常，她更喜欢用黑体或加粗表示强调或提高音量。当需要表现装模作样或“做作”的时候，“书画爱好者”的她便会自行设计字体，用来表达各种情绪。或是添加几个感叹号，选择一些椭圆形，让人物的语言和思想自然停顿，赋予说明文字精准的流畅感。

**上图**

《声音》里面的斯坦洛普·莱特，1979年12月10日刊于《卫报》的原创作品

## 《韦伯太太的日记》

1978年年底，西芒德斯删掉了连载系列的“圣博托尔夫学校”标志。15个月后，标题“缄默三人组”也一起删除了，每周给大部分连环漫画起一个单独的标题。“缄默三人组”的概念促使西芒德斯从三个妻子、母亲、家庭转变到个人身上，这些人物代表了当时英国城市里面的白人中产阶级。戴着一副大大的椭圆形眼镜的温蒂·韦伯，曾经是一位细心机智的护士和童书作家，她的丈夫乔治是一所理工大学的人文学科高级讲师和结构主义知识分子。夫妻俩都支持自由主义（左派）的公平原则，然而并非坚定的信仰者，大部分时候他们的行为都不符合他们的理念。与韦伯一家相比，莱特家更有钱，但他们的婚姻却没有那么稳定。翠西·莱特的丈夫斯坦洛普是一家广告公司的创意总监，他长着高挺的鹰钩鼻，看上去彬彬有礼。翠西·莱特长期忍受这个男人对她的背叛。除此之外，她的生活总是事与愿违，比如她想再买一套房子，或者请一个清洁女工，却一直未能实现。三人当中，乔·希普的角色改编得不多，重点在她丈夫埃德蒙身上，西芒德斯将其刻画成麦克白似的一家之主：做威士忌生意，酗酒，满口脏话。

为了表现故事人物，挑战固有观念，拓宽读者的社会视角，西芒德斯将焦点聚集在三个家庭的叛逆的子女身上：希普家的两个朋克儿子；两家都有个叛逆的女儿——比琳达·韦伯和伊俄卡斯忒·莱特，一个16岁，对未来缺乏信心，一个19岁，在剑桥学习艺术。必要时西芒德斯会在故事中安排一些人物出场，比如斯坦洛普的第一任妻子，乔治的教师同事，韦伯家的亲戚，圣博托尔夫的校友宝琳·伍德科克，或者为了评论工作中的性别歧视而只出现过一次的角色。西芒德斯从1977年到1987年画了420集漫画，主要角色基本没有变化。“我决定不改变他们的年龄。班吉停留在3岁，比琳达已经订婚。”事实上，比琳达改动得最多：她拒绝接受父母灌输的价值观，宁愿跑去高档餐饮接受行业培训，也不去学校读书，最后成了“雅皮士”。西芒德斯反映了变动中

**上图**

韦伯一家（温蒂、乔治、班吉），未发表，1985年

的政治氛围："糊涂的自由主义者被弱肉强食者取而代之"，似乎所有问题都是钱的问题。西芒德斯笔下的角色对"撒切尔式繁荣"感到困惑。最后一场压轴戏，她把所有持不同政见的人物都聚集起来，参加比琳达与阿利斯泰尔的豪华婚礼，新郎来自"彻头彻尾的保守主义者"家族。故事的大结局发生在1987年6月1日，十天后玛格丽特·撒切尔第三次竞选获胜。班吉作为下一代，打破"第四堵墙"，说出了最后几个字："拜拜"。

西芒德斯从《卫报》连环漫画中选出了一部分，组成了她的第一本64页合订本，作为《韦伯太太的日记》一年的内容，于1979年由乔纳森·凯普出版公司出版。温蒂的随笔采用手写体，作为每幅漫画的开端。西芒德斯修改了格式，重新画了22集跨页漫画。结果卖得非常好，凯普请她画续篇，于是就有了1981年创作的《真爱》。

**下图**
《颠倒的世界》，1987年5月11日刊于《卫报》

> 我想看看假如我用画画的方式讲一个完整的故事会怎样。我把它分成了不同的章节，因为我想讨论各种爱情：婚姻中的爱情，年轻时候的爱情，不可能的爱情。由于习惯了分期，所以我一次画一章，好比把一个小剧本分成若干幕。

她根据《卫报》漫画的角色设定虚构了珍妮丝·布雷迪——比斯利&比芬广告公司漂亮但肤浅的年轻秘书。她深信她的上司罗萨里奥·斯坦洛普是喜欢她的，因为这个已婚男人会在路过时向她抛媚眼，甚至送了她一罐斯蒂尔顿芝士作为圣诞礼物。西芒德斯用英国爱情漫画女主角的刻板形象来呈现珍妮丝：美艳不可方物，噘着嘴，有着一头浓密秀发。这类大胆、讲究时尚的漫画风格于1957年前后由西班牙插画家霍尔迪·隆加罗和何塞·玛丽亚·米拉莱斯首创，后来也有许多插画家效仿。西芒德斯完美地模仿了爱情漫画的特点：言过其实的魅力，浮夸的文风，大写字体，并且增加了粉红色对白。在该书中，其中的十四章内容，大

**下图**

两期周刊封面：《小夜曲》，安杰尔·巴迪亚·坎普斯画于1963年1月11日；《玛丽莲》，安立奎·拉迪亚·罗梅罗画于1962年12月15日

部分是《卫报》连环漫画的再现或部分重印，有时为了突出珍妮丝的主角地位，也会做一些改动。这本48页的《真爱》提出了贯穿西芒德斯所有作品的中心思想——对浪漫爱情许下的承诺以及在爱情中遇到的问题。此外，还有三套96页的合刊，也由凯普出版公司出版，2012年凯普将全部5本漫画结集出版，取名为《韦伯太太日记精选集》，作为《卫报》100多集漫画的标题。但由于书名不准确，尚未重印。

**上图**
《青春永驻……》，《卫报》，1980年2月25日

**上图**

《真爱》跨页稿，1981年

SHE LOOKS SO WITTY!
CHARMING!
ASTUTE!
DIVINE!
INTELLIGENT!
LUCKY MAN!
YES...LUCKY MR DUFF!
POSITIVELY EXUDES JE NE SAIS QUOI!
THE LUCKIEST MAN IN THE WORLD!
LOOK, I'M A PERSON... NOT AN ACCESSORY... HOW'D YOU LIKE BEING JUDGED JUST ON THE WAY YOU LOOK?
STANHOPE SAYS SHE WORKS AT BEAZELEY & BUFFIN!
I'D ADORE TO MEET HER!
NO!
REALLY!
I CAN'T BELIEVE IT!
THEN INTRODUCE US!
COME ON, STANHOPE!
JANICE...EXCUSE ME... HOW RAVISHING TO SEE YOU HERE!
IT WOULD GIVE SUCH DELIGHT IF YOU & YOUR PARTNER JOINED MY TABLE
!
THANK YOU...BUT I'M SORRY... I DON'T BELIEVE WE'VE MET, MR...ER?
GASP
BUT I'M YOUR BOSS! ... ...STANHOPE WRIGHT...
I'M SORRY?
WHISPER JANICE PLEASE!
THIS IS VERY AWKWARD FOR ME! ...IT'S IMPORTANT FOR MY JOB..... PLEASE!!!
OH OF COURSE! MR WRIGHT!! HOW NICE TO PUT A FACE TO A NAME AT LAST... YOU'RE THE ONE THAT SKIVES OFF PLAYING GOLF...WHO CHASES GIRLS AND LIKES SHEEP!
OH GOD!

The Little Match Girl
As the Dusk gathers on Christmas Day, a Little Match Girl stands in the snow.....
The soft flakes fall from the sky like goose feathers......
MATCHES & BATTERIES
Behind double-glazing, coloured lights blink...and blink in supplication......
...The Little Match Girl presses her tiny nose up against the cold glass....
...and peers inside...
17
Rioja
...And her warm heart melts with sorrow for the poor, costive folk within.....
on's mammoth SALE starts December 27th!! Thousand of bargains must GO!!! ...This luxury vinyl suite: DOWN £90!! ..These leisure units...
Laura.... Toby... look, Daddy's going to get cross in a minute...
Shuddup, Dad...can't hear the telly...
Can't Granny help!?
OAW! WON'T WORK!!! Why won't it? WHY?!

## 童书和其他委托作品

由于合作的《英国日报》主要是黑白报纸，西芒德斯鲜有机会使用其他颜色。也有例外，比如1984年《观察家》杂志委托她为其新编版安徒生童话故事《卖火柴的小女孩》绘制彩色漫画，作为圣诞特刊发行，还有一些像《性爱手册简史》（1986年）这样的书籍封面。对于年轻读者，西芒德斯运用了更轻快、偏速写的技巧，隐约有昆丁·布雷克的风格，如她为基特·赖特的幽默滑稽诗集绘制的彩色封面和黑白色内饰，最初画的是《喋喋不休》（1978年）和《热狗和其他诗歌》（1981年）。1987年，西芒德斯利用她长期画《卫报》漫画积累的专业技能，完成了第

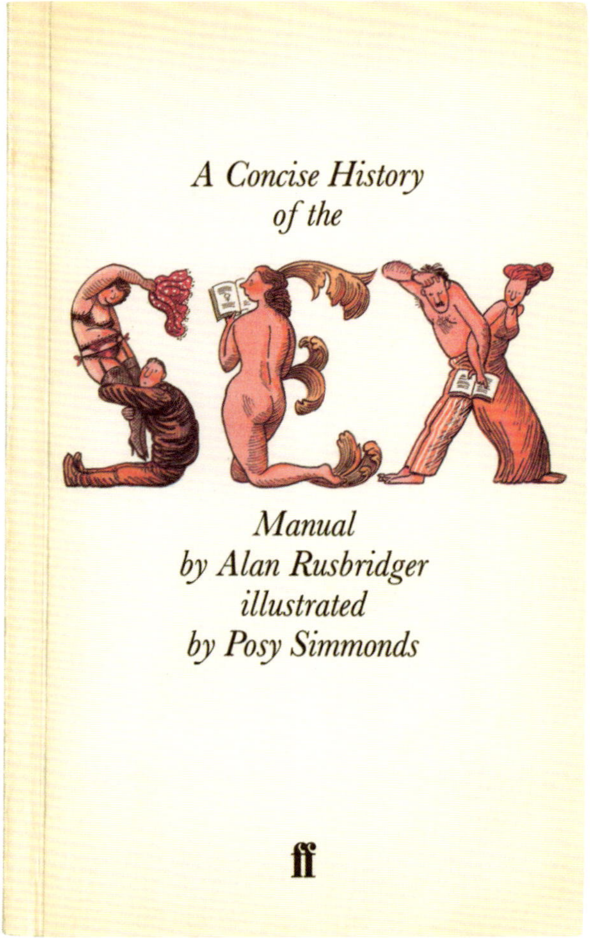


**第50页图**
新编版《卖火柴的小女孩》第一页，《观察家》杂志，1984年12月23日

**右图**
《性爱手册简史》，阿伦·罗斯布里奇，1986年

RABBITING ON
The moon's a big white football,
The sun's a pound of butter.
The earth is going round the twist
And I'm a little nutter!
– Just to give you a taste of this highly original and entertaining collection of thoughts, observations, chunterings, musings and ditties by Kit Wright, Britain's funniest and tallest poet.
U.K. 50p
Australia $1.50*
New Zealand $1.50*
Canada $1.50
*recommended price

A Lions Original
KIT WRIGHT
RABBITING ON
AND
OTHER POEMS
Illustrations by Posy Simmonds
LIONS

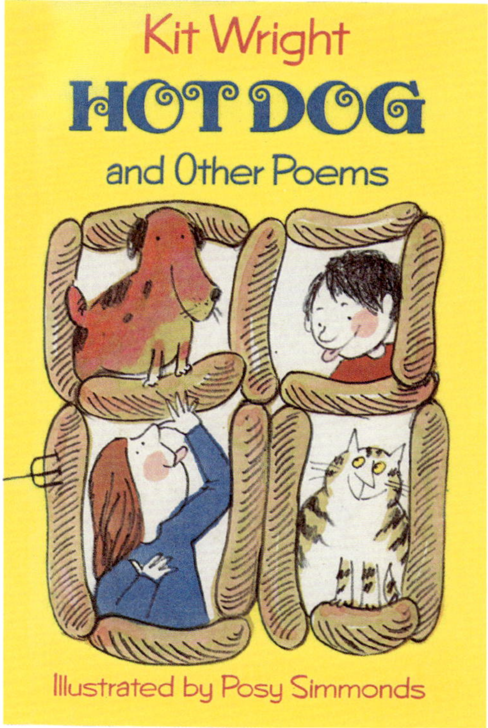
Kit Wright
HOT DOG
and Other Poems
Illustrated by Posy Simmonds

一本儿童图画书《弗雷德》中绚丽的全彩插画。通常这类书籍都由大幅插画和大小适中、微调过的印刷字体组成。但西芒德斯却摈弃了这个传统，依然采用分格和气泡对话框，继《真爱》之后，讲述了一个与死亡有关的故事，帮助孩子们理解死亡。

像往常一样，生活和素描本是她故事的灵感来源："一个好朋友在很小的时候就因为皮肤癌去世了。我去参加了葬礼，然后画了几只哭泣的猫，它们也是送葬者。"后来她又画了一些草图，于是就有了《弗雷德》的故事。弗雷德是一只懒惰的公猫，它的主人是一对年轻兄妹。直到一天傍晚，兄妹俩发现了弗雷德生活中不为人知的一面：原来它是个像猫王一样的摇滚明星，夜间才出来活动。弗雷德的爱慕者特别多，以至于它去世后，成千上万只猫蜂拥而至，聚集在它的后花园为它送葬。为了思考故事应该如何展开，西芒德斯试画了一个"页数合适（32页）、文字完整，包含用铅笔画的插画草稿。文字是这个阶段最重要的内容，它关系到想法能否变成故事"。从那对兄妹到成群的猫粉丝，每个角色的性格都不一样。从单调乏味的室内到纵情欢乐的夜晚，《弗雷德》还证明了西芒德斯娴熟地处理所有颜色的能力。

**第52页图**
为基特·赖特在1978年至1981年期间的诗集创作的封面和封底

**上图**
西芒德斯1987年为她的第一本儿童图画书《弗雷德》所画的一幅早期的草图

有时候，尤其是遇到简单的图像，我会先用细一点的浅色铅笔勾画线条，然后再上色。我一般用油墨，但经常会和蜡笔、毡尖笔、水粉画颜料混合使用。最后再用尖细的黑色蜡笔加粗线条。贝罗尔·卡里斯玛生产的铅笔用的是金粉，有一种浓稠的奶油般柔滑的质感；画出来的线条细细的，特别好看，还可以选择各种颜色。我连铅笔头都舍不得扔掉。

**上图和第55页图**
《弗雷德》的铅笔草图和上完色的插画，1987年

贝罗尔·卡里斯玛的铅笔在2005年就停产了，但幸运地是，她后来从一个朋友的母亲那里得到了一套几乎没用过的铅笔。

西芒德斯的第二本童书《露露和会飞的小孩》的创作灵感来

Horruble Daddy!
What?
Don't pick your nose!
And use your hanky, not your sleeve!
Wanted to play in the snow!
Sniff
That's FILTHY!
And don't sniff!

10

Horruble Daddy!
Wanted to play in the SNOW!
Sniff
That's filthy!
!
Don't pick your nose!
And use your hanky... not your sleeve!
Don't sniff!
And don't stand on the SEAT!

**第56页图**
《露露和会飞的小孩》的跨页铅笔草图布局和上完色的彩图，1988年

**上图**
角色研究，希莱尔·贝洛克《爱说糟糕谎话的玛蒂尔达》，1991年

源于她逛美术馆时观察到的情景：满脸疲惫的父母尝试让身边的小孩保持安静。书中的每幅图都占据两页纸，画面极具冲击力。由于该书反响不错，西芒德斯信心大增，于1990年推出了续集《露露和巧克力婚礼》。

1991年，因受到美国以死亡为主题的黑色系漫画大师查尔斯·亚当斯的影响，西芒德斯创作了《爱说糟糕谎话的玛蒂尔达》，改编自希莱尔·贝洛克的诗歌“玛蒂尔达——因为撒谎，最后被火烧死了”。

> 对于有许多更复杂的细节的图，我会用铅笔画一张草图，然后把它放到灯箱上，对照着画一张完整的图。上色之前，我会事先复印一张画好的图，然后再上色，以免出错。

1997年，西芒德斯再次为希莱尔·贝洛克的《警世故事》

绘制黑白色小插画，同时为该书的弗里欧书社精装本绘制一些彩色的全页插画，上色时每种颜色采用单独的图层。2002年，绘制《幽默诗歌集》时，由于颜料有限，她选择了三种对比鲜明的平面色彩，因为“我想要浓重的色彩，主要是黄色，而蓝色和赤褐色用得少”。回到拟人化的儿童寓言故事后，西芒德斯先后完成了两部作品：2003年，她用彩色铅笔以生动细腻的笔触创作了《拉文德》，主人公是一只惹人喜爱的兔子。一年后，她又创作了《面包店的猫》，讲述一只被面包店老板压榨的猫，如何在一群老鼠的帮助下改变了其悲惨的生活。为孩子们创作图画书锻炼了西芒德斯讲述连贯的长篇故事的能力，也为她创作图像小说打下了基础。时至今日，她为孩子们写的书描述的都是严肃的意味深远的主题，如兄弟姐妹间的竞争，反对偏见等，都是她信念的投射：“不管幻想的外衣多么引人入胜，下面总得有一些真实的东西。”

**第58页图**

“吉姆，从他的保姆身边逃跑后，被一头狮子吃了”（原图），选自希莱尔·贝洛克的《警世故事》，1997年

**上图**

《拉文德》原图，2003年

## 时代变迁

1988年新春伊始，西芒德斯意外地接到了长达两年的订单：每月为《观察家》杂志画一幅彩色插画。她从偏左的《卫报》转向代表右派的《观察家》杂志这一举措，可以说相当突然。她打算采用与她本人意愿背道而驰的写作方法，以“每月一位男士/女士/人物”来反映《观察家》保守派的价值观和特点。首先将《卫报》上那个脾气暴躁且爱发牢骚的J.D.克劳奇重新介绍给新的读者，同时虚构了一位有钱的经纪人迈尔斯·阿普马斯特。每个人物的出场都是一幅清晰的肖像画，附带占据两栏的分格文本传记。她的画生动精妙，笔下不管是有着大量土地的艺术品商人拥有的托马斯·庚斯博罗仿作，还是极简主义的时尚设计师的表情，都通过调整风格和颜色彰显。西芒德斯的讽刺暗含一种可觉察的锋利，像刀削一般剖析了玛格丽特·撒切尔时期英国的利己主义和不平等现象，从而诞生了一批新的漫画角色。

1988年2月12日，改版后的《卫报》开始运营，印刷油墨效果也得到了改进，加快了复印速度。同年4月，西芒德斯带着《七个应尽的义务》暂时回到星期二的“女性专栏”。她对细节的处理更加一丝不苟，她的带有讽刺意味的评论文章比起以前措辞更加激烈。此外，她继续负责报社的圣诞特刊，圣诞不仅是她社评中一个有影响力的年度主题，而且为她完成漫画人物的角色分配提供了机会。譬如，1987年，她通过模仿维多利亚风格的雕版印刷品和“当牧羊人清洗他们的羊群时……”的抒情诗，巧妙地将狄更斯的《圣诞颂歌》改编成诙谐幽默的现代版《圣诞颂歌》。改编故事中，埃德蒙·希普扮演的“圣诞鬼魂”没能让爱财如命的股票经纪人感到良心不安。第二年，西芒德斯同时放入了阿利斯泰尔和比琳达两个角色，比琳达变成了一家专门定制宴会食物的“开胃小菜速递公司经理”。他们讨论场地、菜单，圣诞节在哪过。1989年，西芒德斯在“女性专栏”上面每个月刊载一期没有标题的连环漫画，经常把她的想法加入其中。为孩子们编写长篇童话故事或许在某种程度上给了她前所未有的自由，使得她想要在短篇漫画中增添更多文字描述，然而这种格式似乎越来越无法满足她的叙事野心。

1991年，一家地方电视台找到了她，邀请她为BBC的一档系列节目编写、呈现、参与设计一部40分钟的电视纪录片。她根据“韦伯一家”中位于康沃尔郡的人工度假村，制作了纪录片《复活节的康沃尔郡度假村》；波尔泽斯海滨度假胜地及其附近区域是该纪录片的真实拍摄地，几十张精心绘制的彩色插画与摄影背景组成的动画，让虚拟的场景更加逼真。节目着眼于游客：“大煞风景的人”，抑或非康沃尔郡本地的新居民，包括西芒德斯和她丈夫在内的在当地拥有度假别墅的外来者，给本地居民带来的影响。在本地人眼中，这些人破坏了他们美好的渔村和乡村风景。

**下图**

《六个应尽的义务……其一：保护》，最初以《七个应尽的义务》为标题于1988年4月19日发表在《卫报》上；后来将该漫画收入结集出版的书中

1992年3月7日，她重拾每周登载漫画的习惯，以更宽的版式开始在星期六的《卫报》上发表一个新创作的无标题漫画系列。当时适逢20世纪90年代初英国经济衰退时期的最后一年，该系列

# May

**A GENTLEMAN RID**
**dated 1988**

Oil on canvas 39×4
*Private collection*

A HOUND

4 cm)

*The sitter is identified as* MR ROBIN CHUTNEY-DARKE, *a dealer in C18th & C19th English painting, with premises,* (BREAM & DARKE), *in St James's.*

*He is posed against his property near* SWINDON, *where he lives with his wife and family.*

ROBIN CHUTNEY-DARKE *was educated at* ETON *and* AGNEWS, *(he began there as a porter), and set up his own business with* CHARLES BREAM *c.1972. He is the subject of several other paintings, notably:*

- GENTLEMAN SITTING AT THE WINDOW TABLE AT CECCONI's.
- GENTLEMAN FLYING SWISSAIR AS PASSENGER WITH PAINTING.
- GENTLEMAN RACING AT CHISWICK. (CHUTNEY-DARKE *races a two-year old Mercedes on the flat between* SWINDON, *his town house in S.W.3 & his office.)*

*His cri de coeur, when buying, is: "Chr*st, this sale is cr*p!" ... and, when selling: "In two years time, this'll look a* STEAL!"..... *and in the saleroom, the surfaces of the many, heavily restored paintings cause him endless grief..."* LINOLEUM *would be an improvement....."*

**左图**

《五月：开车的绅士和他的猎犬》，西芒德斯向托马斯·庚斯博罗致敬的作品，1988年5月7日刊于《旁观者》杂志（译者注：托马斯·庚斯博罗是一位英国肖像画及风景画家。他是皇家艺术研究院的创始人之一，曾为英国皇室绘制过许多作品，并与竞争对手约书亚·雷诺兹同为18世纪末期英国著名肖像画家）

A Christmas Carol
While Shepherd watched his stocks by night... And monitored the pound...
...The other chaps went down the pub, And Gloria stood a round.
Cheers, Gloria!
Cheery wearies!
God! Shepherd's a miserable sod!
Bloody SCROOGE!
Never stops, does he? Even at Christmas
Young Shepherd parked his Porsche that night Close by his Dockland lair... But cries of "Merry Christmas, Guv!" Were wasted on the air...
Happy Christmas!
Bah!
Humbug!
As Shepherd sipped his Chambéry...... And wished the wine was colder, The Ghost of Christmastide appeared And tapped him on the shoulder....
Evening, Face-ache!
O God! Not ANOTHER break-in!
"Look here, old cock, this just won't do! Now Total Candour speaks: They say your meanness knows no bounds —Your *rs***l* even squeaks.."
"Forget your bloody stocks and shares..! Is Sentiment a sin? 'Tis Crimbotide, a time for thought For neighbour, kith and kin."
Think of the Family...
My family?
Your mother dozing by the fire... Your Dad hums 'Jingle Bells'.....
The cushions reek of old cigars And foetid, sprouty smells....
Eeuch!
"Then spare a thought for those to whom Dame Fortune deals hard knocks, All ragged, lonely and unloved.... Their bed, a cardboard box...
"That some elect to find no work.... And end up tramps and junkies, Then that's entirely their affair, I couldn't give a monkey's!"
"And if you think I'll do a Scrooge, And wish my fellow men 'A merry Christmas, one and all!' Then you can think again!"
"Now, I must eat: my goose is cooked. I'm sick of all your rhymes!" ...And at the microwave he sang A carol for the times:
..Have myself a Merry little Christmas...tra-la-la-la-la
Off went the Ghoul...and from the street There came an eldritch squeal....
EEEEEE!
EEEEEEE!
...The Shade had tampered with some tyres And widdled on a wheel....
A Merry Christmas One and All!
© Posy Simmonds 1987

A Lecture
As dusk falls, one cold afternoon, writer, J.D. CROUCH, is being walked to the station, after giving a lecture at SOUTH MEDIAL UNIVERSITY, on "The Writer & Film" (lecture series title: THE AUTHOR AND THE AUTEUR).
Well, I think it went very well
The invitation to Crouch had asked him to "foreground the problematic of the verbal/visual modalities," of his filmed work....but HE has ranted exclusively about the TRAVESTY that was made of his novel "The Scouring Breath", when it was filmed as "Wings Over Walberswick"...
Hnh!
Oh...You didn't think it went well...?
There were plenty of Students
Good turn-out
What was that huddle of ENGINEERS doing there?
Well, part of their course has a Film Studies module...
They saw the video of "Wings Over Walberswick" last week...
I had hoped I would be addressing students who still read BOOKS...
Well..they asked plenty of questions
They spent most of the time shouting "Can't HEAR!"
REALLY! Your accoustics!
Creaking of your bloody seating!
I'm sorry you feel it wasn't worthwhile
Frankly, it wasn't what I expected
..I mean, at Bristol..Keele..Cambridge ..Oxford...one gets met at the station... post lecture, one gets a decent dinner in Hall...one takes port with the dons... ..sometimes, one is put up overnight..
..And one doesn't mind so much, giving up what amounts to 2 DAYS of one's writing time....
But to trek all the way out here for a paltry 80 quid...which! suppose one gets eventually...
..but WHY one has to spend an hour in an office, counter-signing bumf, to effect this...having to ring one's wife to find out one's National Insurance Number...
I mean, to come all this way, to have to pay for one's taxi from the station!
and, on campus, to be told all the time that one may NOT smoke
Quite!
...and to be offered, by way of lunch: curried shepherd's pie...in a CANTEEN!!
Quite
And to have to lecture so early in the day..because the buildings're closed in the evenings....
..because we're forced to economise on heating...
Lighting!
STAFF!
Security!
Because there's NO HALL, not to mention, Staff-room
FANCY having to lecture at a university which doesn't go in for PORT-drinking!! ...which doesn't have RICH endowments..!!
..which doesn't have an old Cabinet Minister as Vice Chancellor..or rich old alumni to touch for cash!
..which depends, for its existence on intakes of foreign students and whatever it can scrounge from industry!
ANY QUESTIONS?
What time's my train?
© Posy Simmonds 1993

漫画以此为背景着重刻画了一群遭遇“经济低潮”的人物，以及他们在困难时期所表现出来的假仁假义，包括即将被解雇的再保险经纪人迈尔斯·阿普马斯特和他漂亮时髦的妻子凡妮莎，作家J.D.克劳奇和他那直截了当、从不说废话的配偶苏菲，一同登场于《旁观者》杂志。韦伯一家也短暂出现在漫画里，但不再是曾经的那个年龄和时代，温蒂当上了祖母，女儿比琳达常带着她的孩子莫迪回来看望父母。乔治·韦伯和J.D.克劳奇发生了争吵，后者还是乔治所在的理工大学（后改名为南方医科大学）的客座讲师。比琳达的餐饮事业因经济不景气受到重创，这一点在另一集描述伦敦艺术品经销商“布里姆&达克”的财富缩减的漫画中也有所体现。该情节和姓氏“达克”，连同主要漫画角色将会一同出现在西芒德斯的轮演名单上和各自独立展开的“波西式章节”中。

**第64页图上图**
1987年12月24日刊登在《卫报》上的《圣诞颂歌》

**第64页图下图**
1993年2月20日刊登在《卫报》上的《讲座》

**下图**
1991年为电视纪录片《复活节的康沃尔郡度假村》拍摄的动画照片

## 《杰玛·包法利》

几年后，西芒德斯想重新在《卫报》上绘制漫画，不过她觉得有必要先创作一个完整的长篇故事。报社给了她连载100集漫画的机会，从周一到周六每天更新一集，每集留下一个悬念以吸引读者。她在意大利度假时注意到一位漂亮的年轻女人，这成了她的创作灵感来源：“她张大嘴打哈欠的样子一度令她身边的那个男人感到难堪。她的身边堆满了普拉达购物袋，脸上却露出绝望的表情。这个女人让我想起了包法利夫人。”《卫报》接受了她的提议，同意她将福楼拜的《包法利夫人》改编成现代英国版《杰玛·包法利》，原著主人公爱玛·包法利的名字做了很大改动，为的是提示读者新版故事可能与原著有所出入。

**下图**

《杰玛·包法利》早期角色研究，绘于1997年

如此有野心的挑战自然需要更多的时间来策划和制作。这时，西芒德斯的素描本派上了用场，不管是新的还是旧的，都成了她设定角色时的参考资料："首先我得知道他们长什么样，然后我才能设想他们会说些什么。"在尝试将杰玛设定成惆怅、怀旧的维多利亚时代的人物失败之后，她开始在杰玛的表情上面下功夫，通过她的眼角展现她性感迷人的一面，不禁让人联想起威尔士王妃戴安娜。西芒德斯意识到"美丽的眼球不仅仅是两个小圆点，它们的作用更多地体现在帮助你控制凝视的方向"。蓄胡须的烘焙师和藏书家雷蒙德·朱伯特的原型是她曾经在巴黎一家酒吧留意到的一个男人；其他角色的形象在前期漫画人物的基础上做了小小的改动。出色的观察力和凭记忆绘画的能力是她在希瑟利美术学院绘画课上长期训练的结果。首先她需要仔细地观察模特，然后快速地跑到楼上的工作室画出来，没有任何参考信

**上图**

《杰玛·包法利》中的角色雷蒙德·朱伯特的草图，绘于1997年，灵感来自巴黎一间酒吧的一个男人

息，全凭记忆。经过日积月累的训练，西芒德斯养成了快速近距离观察的习惯，并且可以随时调动记忆库创作任何角色。至于故事发生的地点，从西芒德斯画的漂亮的假日草图上可以看出，是位于法国南部的普罗旺斯，但是后来被她放弃了，“因为我的主演们不同意。按照剧情走向，杰玛的丈夫查理·包法利要收看第四电台的《弓箭手》和板球比赛，而且得是在伦敦附近，方便他们的小孩搭乘欧洲之星回来看望他们。那就只能是诺曼底了”，这恰恰是原著中的悲剧女主角同样感到沉闷乏味的地方。

接下来就是版式问题。《卫报》这次设置的版式是竖直的，但是只有三列宽，形状“像一头长颈鹿”。西芒德斯运用她的设计才能，通过校勘和组合，灵活调整不同图像和文字的结构平面，好比小说的段落，抑或报纸的网格布局，从而做到了每页都不相同。为了在100集漫画里面放入大量的故事情节，她决定主要采用纯散文体裁。前5集的文字全部由她手印字模，从第6集开始采用普通手写字体，由她的丈夫理查德帮忙排版。当代漫画圈有一个不成文的“规则”，即图片要比文字多；在西芒德斯之前，没有一位漫画家想过在图片中间插入几段文字“以便缓解读者长时间盯着图片看的审美疲劳”。《杰玛·包法利》利用环绕和对位的方法，在传统连环漫画的画格外面添加远景，从而彻底改变了漫画媒体的形式。比如大量的排版文字，都是以朱伯特的第一人称视角对杰玛死亡原因的猜测和回顾，执着于没能阻止她重蹈爱玛的覆辙；朱伯特真情流露的日志和从杰玛那偷来的日记当中手写的片段；附带的插图，大部分都没有边框，用于解释说明上述文字里面描述的现实和幻想内容；以及“真实”的物品、书信、照片、杂志文章、剪报等的文字描述。该作品同时也见证了西芒德斯绘画创作的跳跃式发展，这一切得益于她把创作童书的经验用到了报纸上的成人主题里面。由于《卫报》的印刷质量得到了极大的提高，她用红环钢笔绘制的线条更加优美精准。此外，柔和的、偶尔模糊的黑色或灰色线条增强了绘画的写实性和带来的感官享受；水彩颜料和毡头笔的结合，形成了好似调制过的中间色调，甚至产生了浮雕式灰色装饰画般的效果。此外，在

**上图**
作品中诺曼底房屋的草图，绘于1997年

**第69页图**
《杰玛开始憎恨周日午餐聚会……》，铅笔和水彩画，绘于1997年

Gemma came to hate those Sunday lunches... HATED the relish which greeted every dish... hated the finger-licking, the mopping-up with the bread, the patted stomachs.. the swallowed belches... HATED the moment when Charlie would wipe his chin with kitchen paper, raise another tumbler of disgusting wine and sigh:
" Haaaaa - THIS is the Life! eh! Cheery-weeries, all!
heavy earthenware terra cotta
enamel plates etc
bought in the 80's in Habitat, now chipped & stained
Italo/Med cuisine
polenta tomatoes
pasta basil couscous
cheap local wine from Co-op (disgusting) bought by the litre in plastic jerry cans
one spoon fork knife & plate for the whole meal
kitchen paper round the neck
plate mopped with bread
breath smell strongly of garlic
dobs of butter
brioches

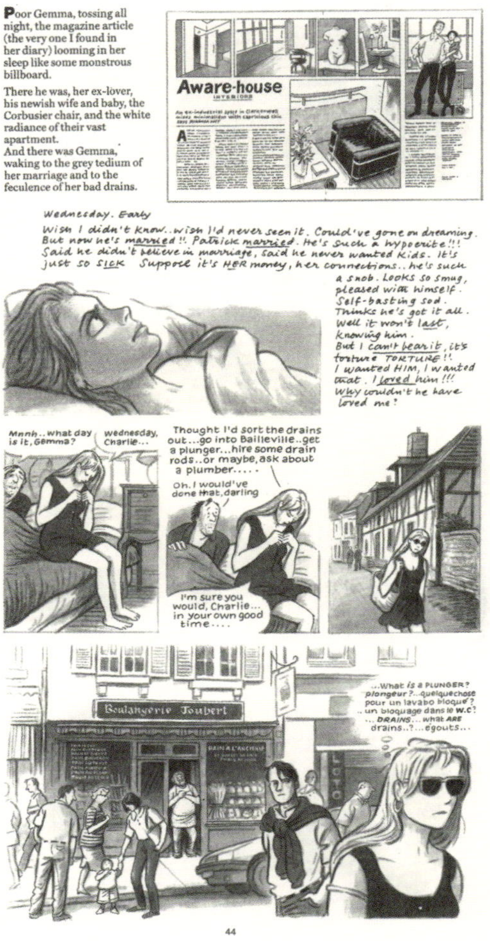

漫画中的关键场景，例如杰玛像茶花女一样感冒后，或是越过她手中的菜单怒视着前男友，或是在一个心形画格里面被她年轻的法国情人拥抱着的时候，西芒德斯无意中绘制出了令人吃惊的具有绘画风格的生动片段，这在她之前的作品中从没有出现过。

为了准备这样一部复杂的长篇故事脚本，西芒德斯采用了横向打印格式的A2纸，并将其纵向分成三个部分。右列用来标注对话的片段和顺序，情节发展的文字叙述。中间较窄的一列标注了增加的想法和修改的内容，左列是细致修改过的最终脚本。在画完前40集后，西芒德斯重重地摔了一跤，《杰玛·包法利》的准备工作被中断了。实际上，这次的意外反而帮助她厘清了角色的

**上图**
即将确定的《杰玛·包法利》角色画像，共两页，绘于1999年

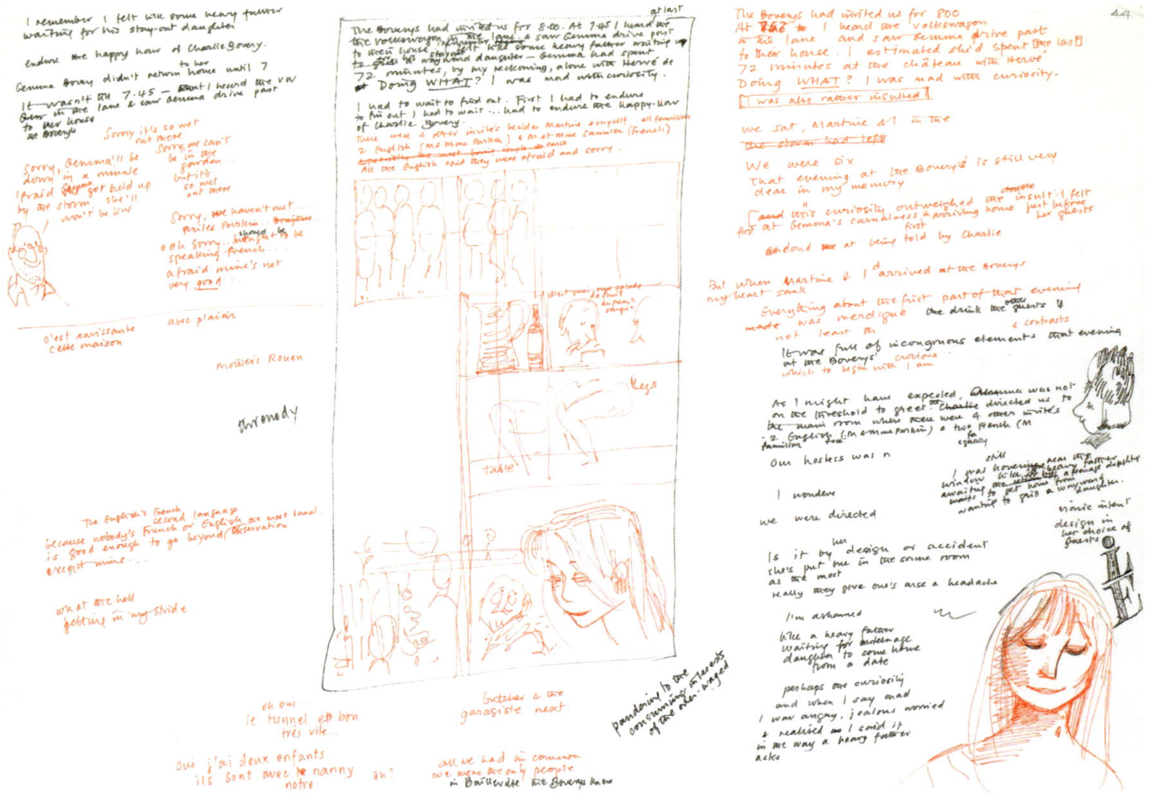


动机和感受。在绘画板背面，她曾根据原著中爱玛的自杀情节粗略地画出了杰玛自杀的场景，最后却发现她的女主角根本不想了结生命，这迫使她继续思考并寻找另一个结局。

从1999年4月19日周一开始，该系列漫画以《已故的杰玛·包法利》为标题（副标题《雷蒙德·朱伯特为你讲述一个与出轨和室内装饰品有关的故事》），每天在《卫报》上刊载，由乔纳森·凯普出版公司编撰出版，并在圣诞节前宣传推广。确定出版后，西芒德斯需要删除几个与故事主题相去甚远的章节。其中一个章节讲的是杰玛成了查理孩子的继母，并把她遇到的困难与20世纪70年代自己的继母的难处进行了比较。另外，“我原本计划让查理修建一个板球场，再雇用一些外籍员工”，但这些也删掉了。忍痛舍弃这些章节意味着需要再次整合，不能按时交稿。在这部小说接近尾声将要交付出版之前，她思忖再三，先

**上图**
为《杰玛·包法利》文字脚本准备的三栏式A2纸，完成于1999年

将其送到了印刷厂。事实证明，她的一切努力是值得的，图像小说《杰玛·包法利》无论从商业价值还是文学评论层面而言都取得了巨大的成功，法国和美国先后于2000年和2005年出版了该书的法文版和英文版。这是西芒德斯的成人作品第一次被推介到国外，并且为她赢得了国际读者的认可和实至名归的赞誉。即使一些暴躁易怒的法国评论家坚持认为该书是“动画电影”或传统

**上图和第73页图**

铅笔设计图，后成为《杰玛·包法利》当中的场景，占据两个单独的页面，画于1999年

漫画，并且故意称其为“有插画的小说”，《杰玛·包法利》毫无疑问是一本令人叹服的图像小说，不仅内容丰富、视角多元，而且通篇思路清晰，具有深刻的现实意义。

**第74和75页图**

《杰玛·包法利》未被使用的两集内容，其中一集是排版文本，另一集是1999年的完成文本

God! I'm turning into Lynn!!
Hop down, Gemma while I have a tidy...
Owh.. we're reading!
GOBLIN
Look, Delia, it's got to be done sometime!
But we're reading!
No, c'mon Delia ...up we get...
SOTTO VOCE
O.K...fine..if the dust gives you an asthma attack, don't blame me....
No!
Delia! Come on now!
and STOP looking at me like that!
Owh!
Stop being so bloody hostile!... I haven't done anything!!!
.. I'm not taking your dad away from you... I'm not responsible for his divorce.... I don't like playing stepmother.... not my idea of fun vacuuming your sodding dust mites...
mutter mutter mutter
WWrrAAAAAAAAA

**T**wo days later Charlie returned the kids to London. On Sunday he was back. I remember watching him walking up and down the middle of old Taillefer's field with another *anglais*, Monsieur Parkin, a good customer of mine (when he's in France). He has a Range Rover (*avec toutes les options*), and spent a packet doing up his house here.

**T**he field was, and still is, a sore point. It had always belonged to my family. But after the Great War my poor widowed grandmother let the Taillefers have it for a pittance. Things were very sour after that. Last year, when old man Taillefer went into the home in Rouen, the daughter refused even to consider my offer. She sold it to the English, along with the house and garden and screwed our plan to extend my organic vegetables.

**T**he Boverys had never asked me in before. Of course, I knew the house from old Taillefer's time. I saw no real improvements. The same smell of damp and drains, but now overlaid with pot pourri. There was no sign of Gemma, but the dog Carrington sniffed my shoes.
I was given tea (vile, dark ginger, made with a bag). The glass of wine wasn't bad at all. They talked about the rain. I told them that Rouen was known as the *"pot de chambre de la Normandie"*. Then I asked Charlie about the field – what he proposed – turn the old barn into a *gîte* for tourists? That's what people did. Miles Parkin said he was trying to persuade Charlie to play cricket there. I laughed. *"Vous allez jouer au cricket, tous les deux?"*
But it wasn't a joke. They were planning an elaborate enterprise: Miles knew many *anglais*, some from nearby. A certain length of coconut matting would be laid down. They assured me that a barrier of net would prevent my vegetables being struck by balls.
**T**he whole thing sounded *emmerdant*. I said I should be off. Charlie would find a motoculteur by looking in the *pages jaunes*.

**A**t that moment a rhythmic shunting began in the bedroom overhead, increasing in tempo, until the whole ceiling thrummed. Gemma's voice could be heard, panting *"Je viens, tu viens, il vient..."*

## “文学生活”

2002年到2004年，西芒德斯重新在《卫报》上定期刊载连环漫画，为其“周六书评”增刊供稿。连载的漫画标题统称为“文学生活”，她很享受从各个角度向读者介绍图书出版这一特殊行业。

> 我的工作和出版沾边，多多少少对圈子里可怕的虚荣自大有所了解。我可以自行决定每周的人物设定以及到底是采用连载的形式还是单独刊登。周一构思故事梗概，周三发给编辑审核，但是我从来没有提前交稿的习惯，我更愿意当一个“独裁者”，每每等到最后截止日期才开始构思。

从她的黑色墨水画线中可以看出，画面更加随意从容，常常被灰色水彩涂料所覆盖。

在她的角色阵容中，坏脾气的作家J.D.克劳奇依然爱发牢骚，性情乖戾的欧文·劳埃德与他气味相投。20世纪50年代的“缄默三人组”女校友再次回归，并针对当下畅销小说《三个作家》发表了不合时宜的评论。另一个回归系列是《事实与谬见》，揶揄大众对像她一样的儿童书籍作家的误解：“哇，好有趣！你写过严肃的作品吗？”西芒德斯曾花了一周时间构思一则亚当斯式瘆人的分类广告：一座为作家量身打造的“童话小屋”，偏僻幽静，旁边堆放柴火的木棚藏着一个挥舞斧头的侏儒。法国版“文学生活”封面同时也印在商品上面，由此可见法国人的阅读热情，哪怕躺在沙滩上休息也不忘翻上几页。一直以来，西芒德斯都证明了她的绘画、写作、刻字和设计才能，它们好似一座不断扩大的兵器库，不同的兵器适合不同的讽刺对象。

**第77页图**
《天堂》，出自《卫报》“文学生活”系列漫画，2004年5月29日

**第78页图**
铅笔设计图，《卫报》“文学生活”系列漫画当中介绍作家欧文的一集，2002年10月5日

# Paradise

...the driving snow blotted out the burning tanks, covered the dead and dying, their clothes saturated with frozen blood....
the few survivors emerging, hobbling on frost-bitten stumps, were mown down at point-blan
BARBAROSSA
DICTIONARY

Right... anyone else have a question for our distinguished ....panel of authors?
Yes... I'd like to ask Frank Rutland....
...um... the theme of all your books is a society gone completely down the tubes..
..full of every sort of degradation and stuff
you know, like drug-abuse...
Weird sex ... incest.. rape...
....extreme violence.. ...sadism..
incest... alchoholism... ...coprophilia...
etcetera etcetera ...
and you describe it in highly convincing and... well.. horrific detail..
..uh, what I'd like to ask Frank is where he gets his ideas from...
and are any of them based on his own personal experience?
Frank.... would you like to answer..?
Golly.. well...that's a tricky one..but it's all imagination.. really... that's what..

**上图**

《事实与谬见》第6章：儿童图画书，2003年5月17日刊登在《卫报》“文学生活”栏目

## 《塔玛拉 · 德鲁》

“文学生活”播下的种子在2005年开花结果，催生了西芒德斯的第二本连载图像小说《塔玛拉 · 德鲁 》。尤其重要的是，该书将作家们的自我和“自我的欲望”作为核心主题。故事发生在斯通菲尔德，这里曾经是一座农场，现在变成了为作家量身打造的高档度假村。度假村的老板是畅销书作家、好色之徒尼克 · 哈迪曼，不过大部分时间由他的妻子贝丝管理。斯通菲尔德的度假村比“童话小屋”大得多，其中隐藏着不少秘密。这次西芒德斯改编的是19世纪经典文学作品，即托马斯 · 哈代于1874年出版的小说《远离尘嚣 》，将原著的故事背景换成了划分阶级、崇拜名人的英国。西芒德斯最终将她在彩色插画领域的天赋和才华用到

**下图**
《塔玛拉・德鲁》中的角色尼克・哈迪曼和贝丝的早期角色揣摩，2004年

**第81页图**
《塔玛拉・德鲁》中的角色性格的早期揣摩，2004年

hair grip
enormous bag
round
square-toed
roots
lace bolero
smart car
full of balled-up
kleenex

bugs Bunny
rodent front teeth
THE DATE
Basement flat
has carpet everywhere
Yuk.. esp in the bathroom
antique kitchen
old world kitchen
Pat
Liam
Michael
Hal
I been to the store...
Wanna come round over and gorge?
or shall I come to you?
Spy?
oh, cool!
those guys...
typical snidey
assholes
Boston Irish

了长篇成人漫画中。为了确定全新的人物角色，她像往常一样在准备期画了大量草图。哈代笔下的女主角名叫拔示巴，借用《圣经》中大卫王的妻子拔示巴的名字。而西芒德斯的女主角塔玛拉·德鲁的名字则来自大卫王的女儿他玛，一个因美貌而受到诅咒的女子。那么塔玛拉姓什么呢？“Drew（德鲁）是draw（吸引）的过去式，所以德鲁是一种吸引力，她身边的人会不自觉地靠近她。”

当塔玛拉回到她的家乡并继承她童年时期住过的房子时，人们发现，曾经那个舞会中没有舞伴的丑女孩变成了令人惊艳的“隆鼻”美女。她的回归让四个男人意乱情迷，神魂颠倒。为了确定贝丝·哈迪曼这个角色，西芒德斯尝试过各种形象之后才开始画她的脸：“我没用照片，全部靠想象。首先画的是她的眼睛。我琢磨她的年龄，她梳着80年代的发型，即使发福后也没

**第82页图**

《塔玛拉·德鲁》中的角色格伦·拉尔森的早期角色揣摩，2004年

**下图**

多塞特郡水彩风景画，2005年为《塔玛拉·德鲁》准备的地名，2007年用作BBC改编剧《克兰福德镇》的标题插画

*Casey:*
After Jody sent her stupid e-mail, we kept away from Winnards Farm. I don't know what we expected to happen - the police testing Tamara's laptop for fingerprints, sussing us, coming round and doing us for breaking in. Well, that didn't happen, but we should be careful. I mean, we're back using the old bus shelter, where you get a good view up the lane. Today we saw the old writer guy from Stonefield go past Winnards Farm - very slowly, like he was really really interested.

I tell Jody we should hang out somewhere else, and she goes, "Like where, your bloody bedroom?" Which is true. It's so-ooo boring, this village. Nowhere to go, nothing to do. Nothing happening, except when Gary Pound and his mates nearly set fire to the Coronation Tree on the green.
So, I'm thinking OK, might as well go home, do some homework, because Jody's getting up my nose, too. She's droning on about Ben, Ben all the time. But if I even mention Ryan or boys at school she starts dissing them, treating me like a moron.

有改变。”其他角色的原型，比如美国学者格伦·拉尔森，则来自早期的素描本。有次她参加一个讲座，发现了“就是这种美国人的头发”。她承认有些类型的角色会在她的漫画里重复出现，“好比一个定期更换剧目的剧团，演员轮流饰演不同的角色”。

《塔玛拉·德鲁》的背景尤都村几乎是康沃尔郡度假村的翻版，同样都是被外来有钱人闯入的质朴村落。她提出了城乡差异引发的一些让人不安和担忧的问题，通过刻画两个出生在当地工人阶级家庭的青春期少女乔迪和凯西，对英国年轻人面临的挑战和难题报以同情。乡下的生活枯燥沉闷，毫无希望，她们不顾一切地想要逃离。“我想采用复调叙事呈现一种反差。在城市人眼里，乡村是一个有周末度假小屋的风景优美的地方。在当地人看来却是另一番景象，这里没有公交车，没有邮局，酒馆无人问津。所以两个女孩相当于一首合唱曲。”

《卫报》再次让她在“周六书评”上画100集漫画（实际画了110集）。她用一个由五个平行列组成的弹性网格设计了版面，包括排版文字、插图、各种图形元素（名人八卦杂志或网站的页面）。她利用三种不同的字体区分三个叙述者——格伦、贝丝、凯西的内心独白，而塔玛拉的外在形象则通过她的报纸专栏的摹写呈现。2005年9月17日开始每周连载两集。但是西芒德斯来不及提前准备，她感到时间越来越紧迫。

> 我大概知道会发生什么，希望跟得上进度。你还在酝酿就有人来催稿了，想想挺恐怖的。最后只剩下两周时间了，你必须轻易地、快速地做出决定。

有些工作需要投入她大量的精力，比如设计地点的内部平面布置图时，要确保前后一致，才能维持一个让人相信的世界。

幸运的是，2006年连载完结后，西芒德斯有时间重新细致地给她的作品上色。2007年11月结集出版后，她大幅修改了故事内容，增加了几个场景和12页内容。塔玛拉·德鲁的轰动出场在报纸版本和图像小说版本里面有所出入。为了突出塔玛拉的性感，

**第84页图**
《塔玛拉·德鲁》里面的少女乔迪和凯西，2006年

The next evening we're gathered for drinks in the garden at Stonefield.
...Think the last time I saw her, she was doing A-levels... ...or on a pony... I forget..
And another thing, your...
WRUFF
Listen Nick, you keep saying "Your" president... but I didn't vote for the bastard...
!
Excuse me, Glen.. I've forgotten to do something...
Hi-i!
God! Talk of the devil - it's Tamara!
...I just hope it didn't disturb you - I forgot the code
No. No.. course not
So.. that's her.. Hot patootie..
Weird, the kind of glances a pretty woman attracts. I mean, any other beautiful, fecund creature – a great-looking sheep or something – you look at admiringly. Here I don't sense any of *that*. She's been here three minutes and I'm picking up . . . well, lust, on my part and Andy's, but also fear, suspicion, irritation, disapproval. And that look Tamara gave Nick's back.
Continued next Saturday.

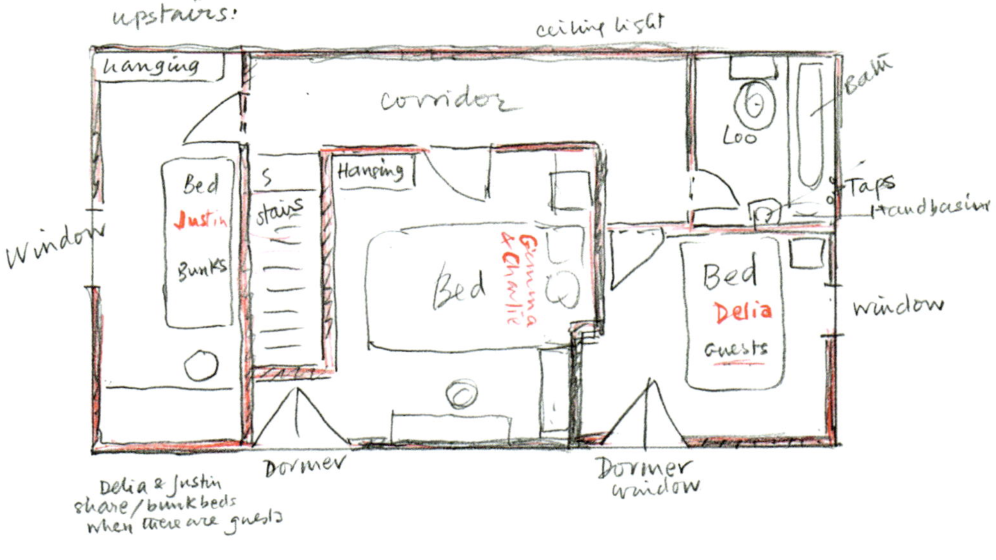
upstairs:
ceiling light
hanging
corridor
Bath
Loo
Hanging
S
stairs
Taps
Handbasin
Window
Bed
Justin
Bunks
Bed
Gemma & Charlie
Bed
Delia
Guests
window
Dormer
Dormer window
Delia & Justin share / bunk beds when there are guests

西芒德斯脱掉了她脚上的绿色长筒靴，让她赤脚踩在草地上。这一小小的改动使得西芒德斯又多画了一页，深入描写美国学者格伦·拉尔森见到塔玛拉的反应。他立即被眼前这位“美丽公主”迷住了，主动上前献殷勤，想要把赤脚踩在碎石上的塔玛拉抱起来，没想到后者一点也不留情面，直接拒绝了他。在图像小说中，格伦变成了从男性视角出发的主要叙述者和更重要的主角。他对贝丝暗生情愫，并且卷入了一个主要角色的死亡事件。在报纸版中，西芒德斯清楚地呈现了整件事是如何发生的，死亡原因过于明显。因此，为了增加紧张气氛，她仅在书里面描绘了一个平静的画面：夕阳下，远远地躺着一具尸体。不仅如此，西芒德斯还安排了另一个角色的死亡，只是这次不是直接呈现而是通过

**第86页上图和上图**

塔玛拉·德鲁第一次登场，2006年刊于《卫报》，上图是2007年图像小说中塔玛拉没穿鞋的性感形象

**第86页下图**

西芒德斯设计的方便自己参考的详细楼层平面图，《杰玛·包法利》中位于诺曼底的房子，绘于1998年

The Guardian Monday July 17 2000

G2

# Ooh la la!

Posy Simmonds at the Paris couture shows. Pages 12–13

PLUS: Sabine Durrant on Clare Short ● Alexander Chancellor on Anna Wintour

报道展现的，影射青春期的叛逆和反常。《塔玛拉·德鲁》后来被译成九种语言，并于2010年搬上了大银幕，导演斯蒂芬·弗里尔斯删掉了小说中的第二个死亡故事，改成了大团圆的结局。

为了缓解《塔玛拉·德鲁》等大项目带来的压力，西芒德斯承担了一些不太重要的兼职项目。这些挑战包括在《卫报》上发表措辞激烈、观察敏锐的报告文学作品，例如，在2001年大选期间跟随三大主要政党的竞选游说，以及在2002年多次参观巴黎时装周，伦敦海沃德美术馆邀请她作为唯一的当代艺术家为其2002年巡回展览“时尚追随者：乔治王时期的绘画讽刺作品”供稿，现场展示了她令人捧腹的现代男人一生中所穿服装的简图。电视方面，2007年，西芒德斯接受BBC邀请，为其根据英国作家伊丽莎白·盖斯凯尔的小说改编的同名电视剧《克兰福德镇》设计标题图片。2013年，她替《卫报》创作了“交互式童话故事”《刚勇者埃德蒙》，共16页，提供印刷的增刊和可在线翻页的“网络漫画”供读者选择。在《刚勇者埃德蒙》里面，西芒德斯把玛格

**第88页图和下图**

巴黎时装周报道的封面和跨页，《卫报》，刊于2000年7月17日

12 • Monday July 17 2000 The Guardian

# Paris match

Givenchy catsuits! Castelbajac stilettos! It must be the couture shows! **By Posy Simmonds**

A great wodge of invitations is waiting at the hotel reception. Among them, Givenchy, Valentino, Chanel and Lacroix pray that I will attend the presentations of their Autumn *haute couture*. These take place at varied locations: a swimming pool, Chanel; at the Palais du Louvre, Valentino; under a bridge, Ungaro. Sometimes the chairs are gold, sometimes white. At Lacroix, each seat has a carnation. The names are written very beautifully on cards and tied to each chair with white ribbon.

Givenchy shows among the shiny high rise at La Défense, far out beyond the Bois de Boulogne. The audience sits in tiers watching the models parade through a *surprise party* of funky, champagne-glugging dancers.

The presentations never begin on time, but the 30 to 60 minutes waiting is all part of the show. Time for everyone to pose, preen, gossip, check the seating of celebrities and colleagues. The room fills with scent and excitement. And it *is* exciting. It *is* spectacular: the thumping music, the ravishing colours, the silks, the tulle, the organza, the brocade, the beading, the hang of beautifully made clothes.

Of course, the models are wonderful looking. When they walk the clothes move and sway and billow around them. It's only when they stand still that you're really *aware* of their thinness. They are tall and *thin*. Clavicles, breastbones and tiny, fairy wrists.

The Guardian Monday July 17 2000 • 13

**上图**

海沃德美术馆巡回展览“时尚追随者：乔治王时期的绘画讽刺作品”中的《男人的七个年龄阶段》，绘于2002年丽特·撒切尔的权力崛起重新安排到一本泛黄的旧书中。该书包括模仿亚瑟王及其圆桌骑士传奇故事的诗歌和一系列辛辣的滑稽漫画。2014年巴黎卡地亚委托她为其创作一个5页的漫画选集，名为《白气球女士腕表》，作为限量版腕表的宣传广告，这也是西芒德斯首次进军广告行业。此外，她的素描本包含了一些关于中东战争的未完成的作品，都是她私下画的，迄今为止没有公开过。西芒德斯感到自己应该对中东战争做出反应。

**下图**
网络漫画《刚勇者埃德蒙》中的玛格丽特·撒切尔的夸张形象，2013年4月13日刊登于《卫报》

**第92和93页图**
《白气球女士腕表》漫画选集中的5页漫画中的第2、3页，刊于2014年

> 我经常看到死难者家属接受记者采访时，拿出自己儿子或兄弟小时候的照片。同时我也会站在他们的角度来思考这件事，因为一场毫无意义的战争而失去了家人。

她描绘了一群脆弱的小男孩，身穿作战服，抽烟，骂脏话，像成年人一样被杀死。这些画像让人毛骨悚然。

Beautiful ! I'm overwhelmed !... but you shouldn't have...
God ! The **TIME** ! I must fly ! I'll be late ! Quick !
I'll get a taxi... and the bill.
!
Your taxi is outside, Sir.
Klubz
Klubz
So... goodbye...
or perhaps au revoir ?

Town Talk
WATCH WATCH:
Now you see it...
Seen last night in Klubz, gallerista, Eva Arriva admiring a gorgeous time piece.
Now you don't...
Ten minutes later, leaving the bar in the company of bad-boy artist Mark Revere, it's gone!
!
Z Z Z
Klubz
!!!!
!!??!
?!?
Oh Nicole! I didn't want you to find that...
I'm sure you didn't!
Until Christmas Day, that is...
What? For me? For Christmas?
I asked Eva's advice... She's good at presents... She couldn't resist trying it on.
OK... I'll buy that.

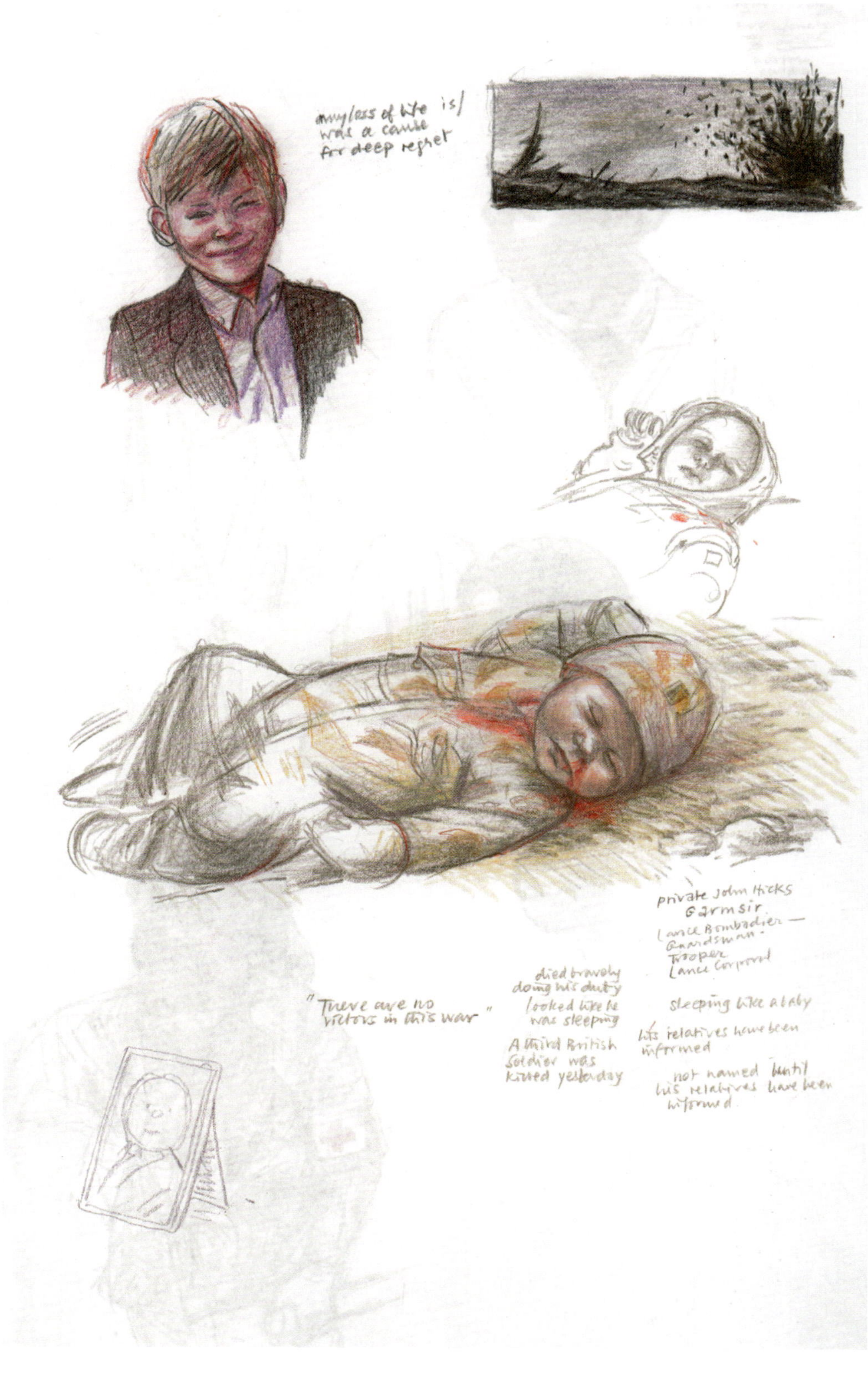

any loss of life is/
was a cause
for deep regret
private John Hicks
Garmsir
Lance Bombadier —
Guardsman -
Trooper
Lance Corporal
died bravely
doing his duty
looked like he
was sleeping
A third British
soldier was
killed yesterday
"There are no
victors in this war"
sleeping like a baby
his relatives have been
informed
not named until
his relatives have been
informed

**第94页图和上图**

西芒德斯从2003年开始在素描本中画的阿富汗和伊拉克战争

50
inspirational
years of
Guardian
Women
A G2
special
g2

## 《卡桑德拉·达克》

2007年，《卫报》的“女性专栏”周刊——西芒德斯多年工作的大本营——举行50周年纪念日。她在该周刊封面上拼出并列的“5”和“0”两个数字，代表其50年间创作的女性角色，包括温蒂·韦伯及其丈夫乔治和儿子班吉。在总结这一时期英国女性实际上取得的权力和所达到的高度时，西芒德斯用一句话简短概括：“有些方面越来越好，有些没有改变，有些则越来越坏。”这种境况在她2008年的图像小说《卡桑德拉·达克》中也有所体现。与住在乡下、年轻漂亮的杰玛和塔玛拉不同的是，女主角卡桑德拉·达克是一位艺术品商人，来自上流社会，年老体胖，独自一人在寒冷、真实的伦敦过着富足、惬意的离异生活。

“我首先想到的是我要用插画和文字描述一个关于冬天的故事。所以勾勒出了一个风烛残年的卡桑德拉·达克，她像冬天一样冷漠，唯独财富和地位可以让她远离生活中的‘寒冷’。”表面上看，卡桑德拉·达克很像斯克鲁奇太太，她是卡罗尔·安妮·达菲受查尔斯·狄更斯《圣诞颂歌》启发创作的圣诞诗中的人物。西芒德斯在2008年以她为对象在《卫报》上画了一幅插画。“对此我又重读了一遍《圣诞颂歌》，于是前后两个念头不谋而合。我没想过套用狄更斯的情节，只是借用了原著故事的一些氛围和轮廓，不过它们隐藏得很深。”故事围绕着两个圣诞节展开，卡桑德拉·达克并非人们想象中的招人喜欢的女主角，她没有伴侣，也没有小孩和朋友，只有一只叫柯尔克的哈巴狗，独居对她来说是天底下最幸福的事情。尽管因为涉嫌诈骗她前夫的画廊导致身败名裂，但是卡桑德拉丝毫没有忏悔之意或表现得自怨自艾——“和那些犯下双重谋杀罪的杀人凶手比起来，我觉得自己简直善良得像白雪公主”。

《卡桑德拉·达克》标志着西芒德斯向数码绘画领域迈出了谨慎的一步。以往她的图像小说都是由理查德·霍利斯帮忙整理，先把每段文字排好版，再用隐形胶带或胶黏蜡粘贴到插画上。这次西芒德斯先用铅笔、墨水、蜡笔、水粉笔、毡头笔手绘

**第96页图**
《卫报》“女性专栏”周刊50周年纪念日G2部分封面，刊于或绘于2007年7月18日

thanks, but no thanks
rather eat warm mud than (another)
Christmas lunch.
fags opera?
bloody good claret
white burgundy
London Library books
spend it in bed.
Family pax biscuits
Haagen Dazs
lardy
chador
up to my arse in
alligators...
now not in
minority
Converse
I eat too much
I drink too much
and d'you know, ducky,
I don't give a

**第98页图和右图**

《卡桑德拉·达克》早期角色揣摩，绘于2014年

**下图**

卡桑德拉·达克的肖像画成品，绘于2014年

书中所有的插画，再由理查德·霍利斯和另外一个助理在电脑上把图纸和文字组合到一起，接着批量修改，重新调整颜色，清理多余内容。他们尝试在图像小说中大量增加“特殊圣诞场景”的整页全出血图形及用炭精笔在带纹理的水彩纸上作画。她发现这种技法“非常适合制造模糊暗淡的效果”，建筑物和街道被大片粗糙的灰色覆盖，增添了有颗粒感的黑暗色调。

西芒德斯的作品不仅充满幽默和美感，还是对生活中遇到的挫折与不幸的感同身受和无所畏惧。就这点来说，《卡桑德拉·达克》显然比她的其他作品更加阴暗和包容，正如她担忧的那样，“生活对于很多人来说越来越艰难。假如你住在伦敦，你

**上图**
《卡桑德拉·达克》早期版本当中的一个场景，2017年

**第101页图**
多民族聚居的伦敦东区的一个场景设置，《卡桑德拉·达克》，2018年

Lowbridge Road has little to recommend it – a long noxious thoroughfare surrounded by streets of decaying semis.

I have no real plan, except to patronise a few shops and ask questions about the area, starting with the chemist where the paracetamol came from.

In the chippy the woman shrugs and says she is new to the area, but the next shop, where I buy half a bottle of scotch, is more rewarding.

PICOT

感受到的是两个世界：真实的世界和浮华的世界”。卡桑德拉是一位年老的单身女性，当今社会没人关心像她这样的普通人，西芒德斯选择她当女主角，并以第一人称叙述者和行为主体的身份讲述她自己的故事。她希望读者能真正理解这个富有的愤世嫉俗的她曾经失去过什么，她从未拥有过什么，她现在戴着那双黄色橡胶手套还能做些什么。

西芒德斯在伦敦生活了50多年，这里的人、事、物是她创作的灵感来源。很少有像她这样真诚的观察者，用敏锐的目光仔细审视英国人尤其是她自身所处的英国白人中产阶级的生活。因为作品广受好评，她曾被评选为英国新闻奖年度最佳漫画家和漫画艺术信托奖，以及年度最佳连环漫画家。2001年，雷蒙德·布里格斯在《卫报》上推测道：“这是否意味着我们将看到年迈的波西·西芒德斯爵士从我们身旁经过？”事实上，就在第二年，她被授予大英帝国MBE勋章（得到勋章的英国或英联邦王国公民才算取得骑士爵位，可以在其英文名前加上“爵士”的头衔），表

**第102页图**

圣诞节卡桑德拉淹没在伦敦牛津街外出购物的人群当中，《卡桑德拉·达克》，2018年

**上图**

用炭精笔描绘的一组有感染力的画面，《卡桑德拉·达克》，2018年

**第104和105页图**

2014年受法国《观点》周刊杂志委托创作的《我的伦敦》

*I grew up in the country but have been a Londoner for over 50 years. I live in a late Georgian square quite near the centre.*

# My London Posy Simmonds

*Old Neighbours:*

● **Charles Dickens** lived at 48 Doughty Street WC1 (now the Charles Dickens Museum). He wrote "Oliver Twist" here.

● **V. I. Lenin** lived at 30 Holford Square WC1 in 1902/3. The square was bombed in 1941. After the war, the Russian émigré architect, Berthold Lubetkin, designed a social housing project on the site. It was originally called **Lenin Court**, but when the Cold War began, the building was re-named after the politician, Ernest Bevin - requiring a change of just two letters.

● *Two very agreeable places:* **Andrew Edmunds, 46 & 44 Lexington Street W1.**
*46 is a cosy, candle-lit bistro. Above is the Academy – a tiny members' club.... ...impeccably rakish. 44 is a paradise for lovers of antique prints.*

● *Visitors to my garden:*

● Westminster: favourite Tube station. Stainless steel, soaring beams. Like a Piranese etching.

● L. Cornelissen – a great art shop. 105 Great Russell Street, WC1

I walk most afternoons – looking at buildings, window-shopping, people-watching. Sometimes in thrumming crowds... sometimes in London's many green spaces.

● Regents Park NW1 is perfect for prams, joggers, dogs, ducks, open-air theatre, for the Zoo, for sports of all kinds and for the Frieze Art Fair, held in the autumn.

● Hampstead Heath. NW3
Early on a Sunday morning, a 15-minute drive from my house. 320 hectares of open space, woods, bathing ponds and clean air.

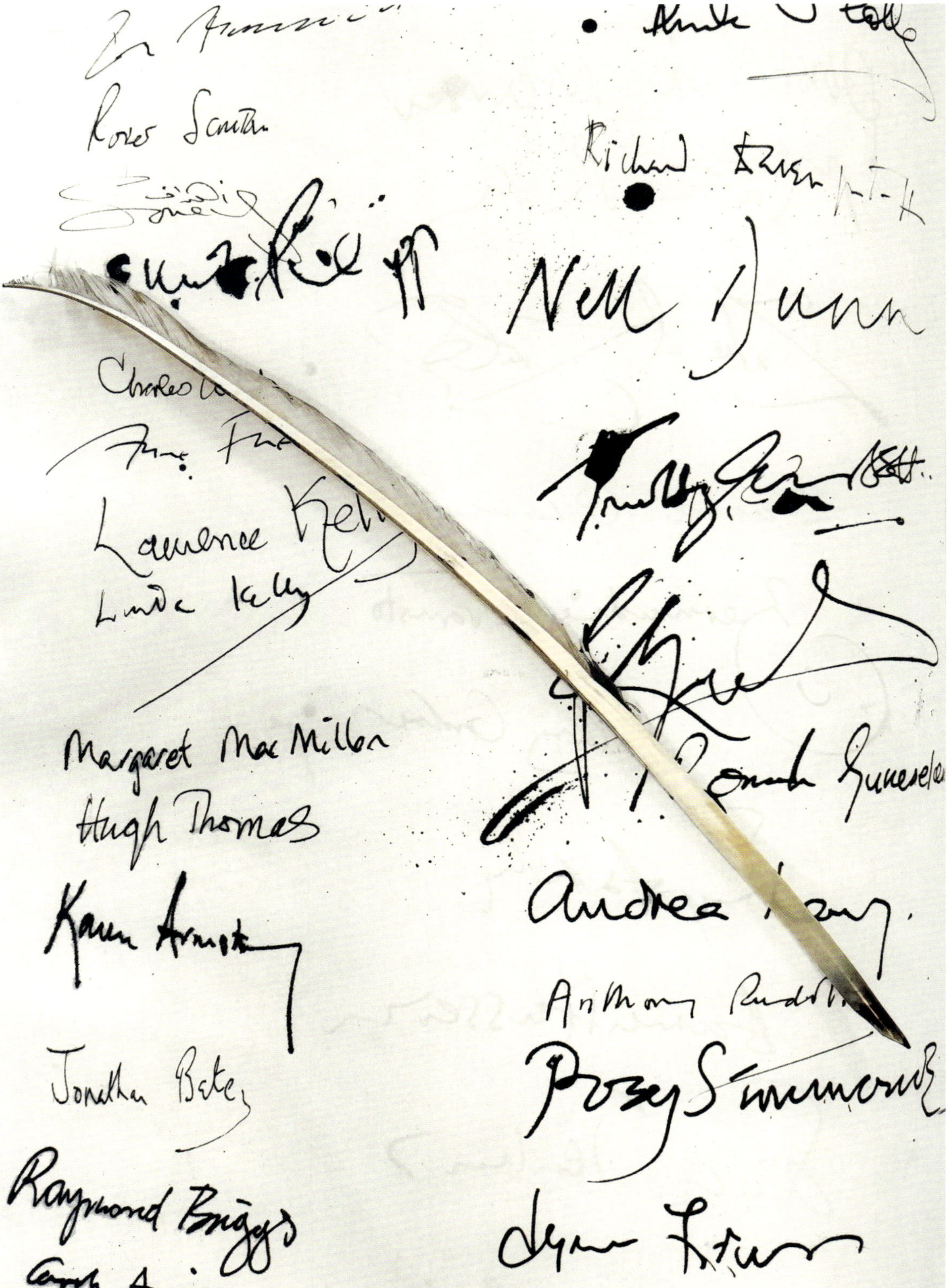
Roger Smith
Richard Eyre
Nell Dunn
Laurence Kelly
Linda Kelly
Margaret MacMillan
Hugh Thomas
Karen Armstrong
Jonathan Bate
Raymond Briggs
Anthony Rudolf
Posy Simmonds

**第106页图**
皇家文学学会官方羊皮卷轴上西芒德斯的签名，2014年

**下图**
2018年大卫·列文为《卫报》拍摄的波西·西芒德斯

彰她“为新闻业做出的贡献”。2004年，西芒德斯成为继雷蒙德·布里格斯之后第二位入选为皇家文学学会会员的图像和文字作家。欢迎仪式上，新成员需要选择一种著名作家曾经使用过的书写工具在学会的羊皮卷轴上签下自己的名字。西芒德斯毫无悬念地选择了狄更斯的羽毛笔，像握手，也像传递接力棒。

# 参考书目


波西·西芒德斯的作品（纯文字和带插图的书籍）

*Baker Cat*, Posy Simmonds, Jonathan Cape, 2004
*Bear by Posy*, Posy Simmonds, Mayflower, 1974
*Bouncing Buffalo*, Posy Simmonds, Jonathan Cape, 1994
*Captain Hook Affair, The*, Humphrey Carpenter, Allen and Unwin, 1979
*Cassandra Darke*, Posy Simmonds, Jonathan Cape, 2018
*Cat Among the Pigeons*, Kit Wright, Kestrel, 1987
*Cautionary Tales and Other Verses*, Hilaire Belloc, Folio Society, 1997
*C. O. Jones Compendium of Practical Jokes, The*, Richard Boston, Enigma Books, 1982
*Concise History of the Sex Manual, A*, Alan Rusbridger, Faber & Faber, 1986
*Folio Book of Humorous Verse, The*, edited by Edward Leeson, Folio Society, 2002
*Fred*, Posy Simmonds, Jonathan Cape, 1987
*Gemma Bovery*, Posy Simmonds, Jonathan Cape, 1999
*Grass Beneath the Wire, The*, John Pollock, Anthony Blond, 1966
*Great Book of Mobile Talk, The*, Andrew Barrow, Square Peg, 2013
*Great Shakes!*, Kit Wright, Viking, 1994
*Helping Your Handicapped Child: A Step-By-Step Guide to Everyday Problems*, Janet Carr, Penguin Books, 1980
*Hot Dog and Other Poems*, Kit Wright, Kestrel, 1981
*Lavender*, Posy Simmonds, Jonathan Cape, 2003
*Literary Life*, Posy Simmonds, Jonathan Cape, 2003
*Literary Life Revisited*, Posy Simmonds, Jonathan Cape, 2016
*Lulu and the Chocolate Wedding*, Posy Simmonds, Jonathan Cape, 1990
*Lulu and the Flying Babies*, Posy Simmonds, Jonathan Cape, 1988
*Matilda, Who told such Dreadful Lies*, Hilaire Belloc, Jonathan Cape, 1991
*More Bear by Posy*, Posy Simmonds, Mayflower, 1975
*Mrs Scrooge*, Carol Ann Duffy, Picador, 2009
*Mrs Weber's Diary*, Posy Simmonds, Jonathan Cape, 1979
*Mrs Weber's Omnibus*, Posy Simmonds, Jonathan Cape, 2012
*Mustn't Grumble*, Posy Simmonds, Jonathan Cape, 1993
*Pick of Posy*, Posy Simmonds, Jonathan Cape, 1982
*Poems, 1974–1983*, Kit Wright, Hutchinson, 1988
*Posy Simmonds Bear Book, The*, Posy Simmonds, Berkeley, 1969
*Pure Posy*, Posy Simmonds, Jonathan Cape, 1987
*Rabbiting On*, Kit Wright, Young Lions, 1978
*Tamara Drewe*, Posy Simmonds, Jonathan Cape, 2007
*True Love*, Posy Simmonds, Jonathan Cape, 1981
*True Love* (digital edition), Posy Simmonds, Sequential, 2016
*Very Posy*, Posy Simmonds, Jonathan Cape, 1985
*Women's Rights: A Practical Guide*, Anna Coote and Tess Gill, Penguin, 1974
*Young Visitors, The*, Daisy Ashford, Chatto & Windus, 1984

波西・西芒德斯的供稿书籍

*Book 'im! 70 Years on the Game: A Tribute for Bernard Stone from his Many Friends*, privately published, 1974
*Book of Other People, The*, edited by Zadie Smith, Hamish Hamilton, 2007; Posy Simmonds illustrates 'J. Johnson', a short story by Nick Hornby
Farms for City Children, Charity Calendar, 2017 & 2018
*Followers of Fashion: Graphic Satires from the Georgian Period*, Hayward Gallery, 2002
'Mr. Frost', in *Strange Stories for Strange Kids* (Little Lit, Book 2), edited by Art Spiegelman and Françoise Mouly, HarperCollins, New York, 2001

波西・西芒德斯发表的作品

Barker, Martin, 'POSY: Three go mad in the *Guardian*', *Magazine of Cultural Studies*, 5, (1993), pp. 16–19
Constable, Liz, 'Consuming Realities: The Engendering of Invisible Violences in Posy Simmonds's "Gemma Bovery" (1999)', *South Central Review*, 19/20 (2002), pp. 63–84
Ho, Elizabeth, 'From "Having it all" to "Away from it all": Post-feminism and Tamara Drewe', *College Literature*, 38:3 (2011), pp. 45–65
Leclerc, Yvan, 'Gemma Bovery, c'est elle', *Philosophie Magazine, Special BD*: 'La Vie a-t-elle du sens?', Philo Editions, 2013
*Posy Simmonds*, exh. cat., introduction by Liz Forgan, Guardian, 2009
'The Posy Simmonds Interview', conducted by Paul Gravett, *Comics Journal*, 286 (November 2007), pp. 26–67
Watts, Andrew, 'Cracks in a cartoon landscape: Fragmenting memory in Posy Simmonds' "Gemma Bovery"', *Essays in French Literature and Culture*, 48 (November 2011), pp. 45–65

## 年表

1945 年 8 月 9 日，波西出生在伯克郡梅登黑德镇附近

1948 年至 1951 年，就读位于库克姆迪恩的教区牧师小学

1951 年至 1955 年，在库克姆迪恩的赫里斯学校上学

1956 年至 1962 年，就读卡弗舍姆的安妮女王女子学校

1962 年至 1963 年，在巴黎大学学习法国文明课程

1963 年至 1964 年，就读于伦敦的希瑟利美术学院

1964 年至 1968 年，就读伦敦的中央艺术与设计学院；获得艺术与设计学士学位

1966 年，出版的第一个作品是约翰・波洛克的小说《铁丝网下的草丛》的护封插画和版面设计

1969 年，第一本书《波西的熊》在伦敦由伯克利出版

1969 年至 1975 年，《太阳报》每天刊载以“熊”为主题的系列漫画；精选集的平装本于 1974 年和 1975 年先后各重印一次

1969 年至今，作为自由职业插画家、漫画家、作家，长期给报纸和杂志供稿

1974 年，与理查德・霍利斯结婚

1974 年，在伦敦梅尔・卡尔曼画廊展出作品《工作室》

1976 年，在伦敦梅尔・卡尔曼的漫画画廊展览作品

1977 年 5 月 16 日，《卫报》女性专栏周刊连环漫画《圣博托尔夫学校的缄默三人组》

1977 年至 1978 年，在《卫报》上每周连载漫画

1979 年，出版《韦伯太太的日记》，五套重印连环漫画中的一套

1980 年至 1981 年，被评为英国新闻奖年度最佳漫画家

1981 年，出版《真爱》，被一些评论家评价为现代英国第一本图像小说

1981 年，参加牛津现代艺术博物馆作品展

1982 年至 1983 年，在纽约月刊《哈泼斯杂志》上刊登 15 张单页漫画

1985 年，参加位于约克郡伊尔克利的庄园博物馆和艺术画廊作品展

1987 年，出版第一本儿童书籍《弗雷德》

1988 年，出版儿童书籍《露露和会飞的小孩》

1988 年至 1989 年，在《观察家》杂志上刊登两本彩色漫画月历

1988 年至 1990 年，每周、每月或偶尔在《卫报》上刊登连环漫画

1991 年，BBC 电视纪录片《复活节的康沃尔郡度假村》

1992 年至 1993 年，每周在《卫报》上刊登连环漫画

1997 年，《弗雷德》被乔安娜・奎因改编成《出名的弗雷德》并于 1998 年获奥斯卡提名

1998 年，获得国家艺术图书馆插画奖

1999 年，《杰玛・包法利》每天在《卫报》上连载并作为图像小说出版

1999 年 10 月 7 日至 11 月 30 日，波西・西芒德斯在伦敦英国漫画中心展出《杰玛・包法利》

1999 年至 2002 年，获得漫画艺术信托奖和年度最佳连环漫画家

2000 年 11 月 11 日至 2001 年 1 月 7 日，在卡罗尔・布朗的组织下在伦敦巴比肯艺术中心展出 1984 年以前的作品

2001 年，《杰玛・包法利》在罗马动漫节上获得“英美学派”最佳图书并列一等奖

2002 年，被授予大英帝国 MBE 勋章，表彰其为报业做出的贡献

2002 年，为《幽默诗歌集》画插画

2002 年，《杰玛・包法利》在西班牙阿斯图里亚斯国际漫画展上斩获哈克斯图尔奖最佳剧本奖

2002 年至 2004 年，在《卫报》上每周连载《文学生活》

2003 年，《文学生活》由拉文德儿童书籍出版社结集出版

2004 年，出版儿童书籍《面包店的猫》

2004 年，入选为皇家文学学会会员

2005 年，每周在《卫报》上连载《塔玛拉・德鲁》

2005 年，纽约万神殿出版社出版《杰玛・包法利》，这是她在美国发行的第一本成人书籍

2006 年，斯科特信托基金会为《卫报》购买原创作品

2007 年，《塔玛拉・德鲁》的改编版作为图像小说出版

2007 年，因画英国人被授予庞特杯奖

2009 年，《塔玛拉・德鲁》被授予美国版国际素材埃斯纳奖

2009 年，《塔玛拉・德鲁》在安古兰国际漫画节斩获大奖

2009 年，《塔玛拉・德鲁》获得法国文学批评一等奖

2009 年，《卫报》展出收藏在档案室的波西・西芒德斯的原创作品

2010 年，《塔玛拉・德鲁》被导演斯蒂芬・弗里尔斯改编成电影

2012 年 6 月 12 日至 11 月 25 日，在布鲁塞尔参加比利时漫画艺术中心的主要作品回顾展

2014 年，《杰玛・包法利》被安妮・芳汀改编成法国版电影

2015 年，入选英国漫画奖名人堂名单

2016 年，《文学生活故址重游》出版

2017 年，担任安古兰国际漫画节评委会主席

2018 年，《杰玛・包法利》被改编成 4 个小时一集的十集广播电视剧在法国文化频道播出

2018 年 6 月 16 日至 9 月 9 日，《波西・西芒德斯：原创作品和未出版的素描草图》在约克郡哈罗盖特美世艺术画廊展出

2018 年，入选美国圣迭戈国际漫画展埃斯纳奖名人堂名单

2018 年，《卡桑德拉・达克》作为书籍出版

2019 年，第一次在英国插画之家参加主要作品回顾展并参加在法国巴黎诺瓦谢勒演艺剧场举办的 PULP Festival 节

## 致谢

首先，感谢波西·西芒德斯不厌其烦地回答我的问题，并且允许我“翻箱倒柜”地搜寻她的作品和资料，无论如何感谢她都不为过。她的丈夫理查德·霍利斯也给予了我许多帮助，并提供了大量扫描件。同时还要感谢以下同仁和朋友提供宝贵信息和中肯意见：丛书编辑克劳迪娅·泽夫、安布尔·侯赛因及泰晤士 & 赫德逊出版社的所有工作人员，本书得以出版面世离不开他们的支持；奥利维亚·艾哈迈德和《插图之家》；《卫报》新闻与媒体档案室负责人菲莉帕·莫尔；简·塞拉斯、凯伦·索斯沃思及哈罗盖特美世艺术画廊团队成员；皇家文学学会的安妮特·布鲁克和玛莎·斯滕豪斯；乔纳森·凯普出版公司的丹·富兰克林；《潘趣》的安德烈·凯拉尼；来自伦敦法兰西学院的露西·坎波斯和娜塔莎·安托利尼；《出名的弗雷德》导演乔安娜·奎因；中央圣马丁艺术与设计学院的朱迪·威尔科克斯；布鲁塞尔漫画艺术博物馆的让·克洛德·德拉罗耶尔和迪迪埃·吉尔纳特；来自巴黎 PULP Festival 的文森特·埃奇斯和菲利普·弗俄川；瑞秋·鲍尔、马丁·巴克、罗杰·马尔伯特、伍德罗·菲力克斯、戴维·罗奇、罗杰·沙宾、理查德·希夫和罗素·威利斯。

最后，我想把这本书献给才华横溢的漫画家梅尔·卡尔曼（1931—1994 年），感谢他对波西·西芒德斯事业的大力支持。1992 年，在我刚担任伦敦漫画艺术基金会项目总监时，亦有幸得到了他的帮助。

## 图片来源



## 对本书有重要贡献的人

**保罗·格拉维特**（Paul Cravett）是一位出版过大量作品的国际漫画作家。他的著作包括《图像小说：改变生活的故事》《漫画艺术》《Mangasia：亚洲漫画权威指南》。保罗同时也是漫画策展人，策划过图苇·杨松、查尔斯·舒尔茨和波西·西芒德斯的作品回顾展。

**昆丁·布雷克**（Quentin Blake）是英国最杰出的插画家之一。他在皇家艺术学院执教 20 年，并于 1978 年至 1986 年间，在该校担任插画系系主任一职。布雷克于 2013 年获得骑士勋章，以表彰他在插画领域的贡献。2014 年在法国又被授予荣誉军团勋章。

**克劳迪娅·泽夫**（Claudia Zeff）是一位艺术总监，从事图书封面、杂志及儿童书的插画委托业务多年。她协助昆丁·布雷克创立了“插画之屋”博物馆，现任副馆长。自 2011 年起，她担任昆丁·布雷克的创意顾问。

## 索引

斜体代表插画页码

Posy